高职高专经济管理类“十三五”系列教材

出纳实务

主编　魏秀玉　李素萍

郑州大学出版社
·郑州·

图书在版编目(CIP)数据

出纳实务 / 魏秀玉，李素萍主编. — 郑州 ：郑州大学出版社，2021. 1
ISBN 978-7-5645-7284-6

Ⅰ. ①出…　Ⅱ. ①魏…②李…　Ⅲ. ①出纳 - 会计实务 - 高等职业教育 - 教材　Ⅳ. ①F231.7

中国版本图书馆 CIP 数据核字(2020)第 173276 号

出纳实务
CHUNA SHIWU

策划编辑	王卫疆　孙理达	封面设计	苏永生
责任编辑	胥丽光	版式设计	凌　青
责任校对	李珊珊	责任监制	凌　青　李瑞卿
出版发行	郑州大学出版社有限公司	地　　址	郑州市大学路 40 号(450052)
出 版 人	孙保营	网　　址	http://www.zzup.cn
经　　销	全国新华书店	发行电话	0371-66966070
印　　刷	河南龙华印务有限公司		
开　　本	787 mm×1 092 mm　1 / 16		
印　　张	19.25	字　　数	432 千字
版　　次	2021 年 1 月第 1 版	印　　次	2021 年 1 月第 1 次印刷
书　　号	ISBN 978-7-5645-7284-6	定　　价	49.00 元

作者名单

主　编　魏秀玉　李素萍

副主编　蒙　静　朱　姝

　　　　党　珂

编　委　李红敏　余　雪

　　　　白　赓　宋英男

编者的话

《出纳实务》是财务会计专业、统计与会计核算专业、财务管理专业及相关经济专业的学生学习会计知识的入门教材,同时也是社会各界人士跨入经济管理领域的阶梯。该教材的撰写以现代教育思想和现代教育理念为指导,围绕高职高专人才培养目标、人才培养规格和人才培养素质,以就业为导向,突出对学生的专业能力、学习能力、动手能力的培养;注重学生今后从事出纳工作应具备的应用能力培养和锻炼,着力于知识的传授与规范性操作技能的培养。在编写方面力求突出以下特点:

1. 先进性。本书内容的撰写以我国最新的企业会计准则及新颁布的一系列会计制度补充规定为依据,力求反映会计研究的最新成果,使学习者在掌握会计基本理论的同时,把握会计学科体系发展的方向。

2. 规范性。本书中所展示的原始凭证及各种计算表格,均采用国家相关部门设计的全国通用标准。这些表格增强了直观性,有利于提高学习者的学习兴趣。

3. 全面性。本书第一至第五项目,全面阐述了出纳基本知识及规范性操作技能。项目六为出纳基本业务实训,该部分以仿真原始凭证形式设计了制造业发生的库存现金、银行存款等基本业务,供学生实际训练使用。

4. 实用性。本书项目六为实训内容,是在前几个项目学习的基础上结合现实工作中出纳岗位工作实务进行仿真模拟操作,内容全面、表格规范、种类丰富、具有操作性强的特点。突出了由理论到实际操作过程的转换，大大加强了对学生实践能力的培养。

5. 方便性。为了方便学习及教学使用，在编写本教材内容的同时，编写组老师紧扣教材内容编制了教学课件和课后习题答案。尤其是教学课件，以独立的教学项目为单元，具有格式简洁、内容丰富、语言专业和表格规范的特点，使用起来很方便。

6. 校企合作完成。本书在编写过程中，得到了河南光大会计师事务所有限公司的帮助与支持，尤其是该公司洪霞老师对书中所涉及票据、单证及计算表格的规范性、科学性进行了指导和帮助。在此，对该公司的领导和工作人员表示由衷的感谢。

本书由河南信息统计职业学院魏秀玉、李素萍担任主编，河南信息统计职业学院蒙静、朱姝、党珂老师为副主编，河南信息统计职业学院李红敏、余雪、白赓、宋英男老师参与编写。

由于作者水平有限，书中如有不足之处敬请读者批评指正。

编者

2020 年 6 月

目 录

项目一 出纳的基础知识与基本技能

课前导读

【学习内容】 本章主要介绍了出纳概述、出纳的工作组织以及出纳人员需要具备的基本技能。

【学习目标】 通过本章的学习,了解出纳的基本含义,明确出纳的基本职能、出纳工作的特点和日常工作内容,深入理解出纳人员的职责和权限、出纳机构的设置与人员配备,熟悉出纳工作账务处理程序,重点掌握会计数字书写、点钞和人民币鉴别三大基本技能。

任务一 出纳概述

一、出纳的基本含义

出纳,顾名思义,出即支出,纳则是收入。这两个字合二为一则非常准确地表明了出纳的核心要义,也就是货币资金的收支。“出纳”作为会计名词,其通常包含两层含义:一是指出纳工作,即按照有关规定对单位货币资金、票据、有价证券进行收付、保管、核算工作的总称;二是指出纳人员,即单位管理和经办货币资金及票据收入、支出、库存的财会人员。

二、出纳的基本职能

出纳工作,是财会工作的一个重要组成部分,从总的方面来讲,其职能可概括为收付、反映、监督、管理四个方面。

(一)收付职能

出纳工作的最基本职能是收付职能。企业的基本经营活动就是货物价款的收付、往来款项的收付、各种有价证券以及金融业务往来的办理。这些活动往来的现金、票据、金融证券以及银行存款收付业务的办理，都必须经过出纳人员之手。

（二）反映职能

出纳的反映职能，又称为核算职能，是指利用统一的货币计量单位，通过其特有的现金与银行存款日记账、有价证券的各种明细分类账，对本单位的货币资金和有价证券进行详细的记录与核算，从而为经营管理和投资决策提供完整、系统的经济信息。

（三）监督职能

监督是出纳的一个重要职能，出纳不仅要对本单位的货币资金和有价证券进行详细的记录与核算，还要对企业的各种经济业务，特别是货币资金收付业务的合法性、合理性和有效性进行全过程的监督。

（四）管理职能

管理是出纳的一项重要职能，包括对货币资金与有价证券进行保管，对银行存款和各种票据进行管理，对企业资金的使用效益进行分析和研究，为企业投资决策提供金融信息，甚至直接参与企业的方案评估、投资效益的预测与分析等都是出纳的职责所在。

三、出纳工作的特点

任何工作都有自身的特点和规律，出纳是会计工作的组成部分，具有一般会计工作的本质属性；但它又是一个专门的岗位、一项专门的技术，因此又具有其独特的工作特点，具体表现在：

（一）政策性

出纳是一项政策性很强的工作，其工作的每一个环节都必须按照国家的法律法规进行。出纳担负着现金收付、银行结算、货币资金核算和现金及各种有价证券的保管等工作。因而，要求出纳人员必须熟悉各种财经法规和银行结算规则，并具有很强的守法意识，严格按照法规、制度和规定办理出纳业务，如现金收付必须根据《现金管理暂行条例》办理，银行结算业务必须根据《支付结算办法》办理，票据业务必须按照《中华人民共和国票据法》（以下简称《票据法》）办理。此外，《中华人民共和国会计法》（以下简称《会计法》）、《会计基础工作规范》等法律法规都把出纳工作并入会计工作中，对出纳工作提出了具体的规定和要求。

（二）社会性

出纳担负着一个单位货币资金的收付、存取任务，而这些任务是置身于整个社会经济活动中的，是与整个社会的经济运转相联系的。只要单位发生经济活动，就必然要求出纳人员与之发生经济关系，如出纳人员要了解国家有关财会政策、法规并参加这方面的学习和培训。除此之外，出纳人员还要经常联系银行。因此，出纳工作具有广泛的社会性。

(三)专业性

出纳工作作为会计工作的一个重要组成部分,有着专门的操作技术和工作规范。从事出纳工作的出纳人员除了要学习填制会计凭证、登记日记账等基础会计知识,还要熟练掌握出纳工作的基本技能,如较好的数字书写技能、出色的点钞技能、专业的人民币鉴别技能等。因此,要做好出纳工作,一方面要经过一定的职业教育,熟练地掌握实际操作技术和工作规范;另一方面也要在实践中不断积累经验,掌握其工作要领,熟练使用现代化办公工具。

(四)时间性

出纳工作具有很强的时间性,职工工资的发放、费用的报销、银行对账单与银行日记账的核对等都具有严格的时间要求,不能有延误。这就要求出纳人员必须具有很强的时间观念,严格按照规定的时间签发票据,按照经济业务发生的先后顺序逐日、逐笔登记日记账,并做到日清月结。只有及时办理各项工作,才能保证出纳工作的质量。

四、出纳的日常工作内容

出纳的日常工作是按照国家财政部门的相关规定,进行货币资金的收支管理和核算监督、往来业务结算、职工工资核算和发放。具体来说,出纳的日常工作包括以下三个方面:

(一)货币资金核算

货币资金核算是出纳人员每日都要进行的重要工作,是经济核算的重要内容,其主要日常工作包括以下几个方面:

1. 办理现金收付业务。严格按照国家有关现金管理制度的规定,根据有效的收付款凭证,办理款项收付业务。

2. 办理银行结算业务。严格按照《会计法》《票据法》《银行支付结算办法》等法律法规的规定,规范使用支票,严格控制签发空白支票,合法办理银行结算业务。

3. 登记现金日记账、银行存款日记账,保证日清月结。根据已经办理完毕的收付款凭证,每日逐笔按顺序登记库存现金日记账和银行存款日记账,并结出余额,同时对各种往来账目进行核对检查,做到账实相符。

4. 保管库存现金及有价证券。对于现金和各种有价证券,要确保其安全和完整无缺。各单位要建立适合本单位的现金及有价证券保管制度,严格按照制度规定管理现金和有价证券。对于超出银行核定限额的现金,要及时送存银行,不得坐支现金或白条抵库。

5. 保管有关印章和空白支票。出纳人员必须妥善保管印章,按照规定用途使用。对于空白支票和收据要专门登记管理,签发支票的有效印章需要出纳和其他财务人员分工合力保管,不得随意签发支票或报销收据。

6. 复核收入凭证,办理销售结算。在进行结算统筹时,认真审核相关凭证和合同,及时办理销售款项的结算。

（二）往来业务结算

往来业务结算是企业在生产经营、资金运作过程中形成的企业内、外单位及个人的账务关系。其主要内容有：

1. 办理往来业务结算，建立清算制度。对于现金业务结算，企业需要做到统筹安排，并制定完善的管理制度；对购销业务以外的暂收、暂付、应收、应付、备用金等债权债务及往来款项，要建立清算制度，加强管理及时清算。

2. 核算其他往来款项，防止坏账损失。对购销业务以外的各项往来款项，出纳人员要按照单位和个人分别设置明细账，根据审核后的记账凭证逐笔登记，并经常核对余额，避免错账、漏账的出现。

（三）职工工资核算

除了货币资金核算和往来业务结算外，职工工资核算也是出纳日常工作之一，具体内容有：

1. 执行工资计划，监督工资使用。出纳人员需要根据批准的工资计划，会同劳动人事部门，严格按照规定掌握工资和奖金的支付情况，分析工资计划的执行情况。

2. 审核工资单据，发放工资奖金。根据单位实有职工人数、工资等级和工资标准，审核工资奖金计算表，办理代扣款项（包括计算个人所得税、住房基金、劳保基金、失业保险金等），计算实发工资。同时，工资发放完毕后，要及时将工资和奖金计算表附在记账凭证后或单独装订成册，并注明记账凭证编号，妥善保管。

3. 负责工资核算，提供工资数据。按照工资总额的组成和工资的领取对象，进行明细核算。根据管理部门的要求，编制有关工资总额报表。

任务二　出纳的工作组织

合理地组织出纳工作，是积极发挥出纳作用，高效完成工作任务，提高工作质量的重要保证。由于各单位实际情况不同，出纳工作的组织内容也不尽相同，但无论哪一种形式，一般都包括明确出纳人员的工作职责、设置合理的出纳机构、配备必要的出纳人员、建立和健全各种内部工作程序与制度等。

一、出纳人员的职责与权限

（一）出纳人员的工作职责

出纳是会计工作的重要环节，涉及的是现金收付、银行结算等活动，而这些又直接关系到职工个人、单位乃至国家的经济利益，一旦出纳工作出现差错，可能会造成不可挽回的损失。因此,明确出纳人员的职责和权限,是做好出纳工作的基础。根据《会计法》《会计基础工作规范》等财会法规,出纳人员具有以下职责:

1. 严格审核报销单据、发票等原始凭证。按照费用报销的有关规定,办理现金收支业务,做到合法准确、手续完备、单证齐全。

2. 按照国家有关现金管理和银行结算制度的规定办理现金收付和银行结算业务。出纳人员必须严格遵守现金管理规定,非现金结算范围的业务不得以现金收付,同时做到现金管理日清月结,保证账实核对无误。

3. 根据会计制度的规定,在办理现金和银行存款收付业务时,要严格审核有关原始凭证,再据以编制收付款凭证,然后根据编制的收付款凭证逐笔顺序登记库存现金日记账和银行存款日记账,并结出余额。

4. 按照国家外汇管理和结汇、购汇制度的规定及有关批件,办理外汇出纳业务。外汇出纳业务是政策性很强的工作,出纳人员应熟悉国家外汇管理制度,及时办理结汇、购汇、付汇,避免国家外汇遭受损失。

5. 掌握银行存款余额,不准签发空头支票,不准出租、出借银行账户为其他单位办理结算。

6. 保管库存现金和各种有价证券(如国库券、债券、股票等),并确保其安全与完整。不得以“白条”抵充现金,更不得任意挪用现金。

7. 保管有关印章、空白收据和空白支票。对于空白收据和空白支票必须严格管理,设置专门的登记簿登记,认真办理领用注销手续。

（二）出纳人员的权限

任何工作的顺利开展都必须做到责权利相统一,明确职责的同时赋予相应的权利,出纳工作也是如此。根据《会计法》《会计基础工作规范》等财会法规,出纳人员的权限有以下三个方面:

1. 抵制不合法的收支和弄虚作假行为,执行财会制度,维护财经纪律

《会计法》是中国会计工作的根本大法,是会计人员必须遵循的重要法律。出纳人员是一个企业的钱财保管员,出纳人员的行为关系着企业的财产安全和财经纪律,出纳人员必须增强法律意识,抵制不正之风。

2. 参与货币资金管理的权力

出纳人员最基本的日常工作就是现金收付。现金管理制度和银行结算制度是出纳人员开展工作必须遵照执行的法规,这些法规也赋予了出纳人员对货币资金管理的职权。

3. 有效利用货币资金的权力

出纳工作每天和货币资金打交道,掌管着企业的货币资金,对货币资金的往来比较清楚。出纳人员可以根据企业资金利用状况,提出合理的意见和建议,及时提供货币资金使用与周转信息,提高企业货币资金的利用效率。

二、出纳机构的设置与人员配备

（一）出纳机构的设置

出纳机构，是指企业设立的专门负责处理出纳业务的专职机构，一般设置在会计机构内部，如各企事业单位财会科、财会处内部设置的专门处理出纳业务的出纳室、结算中心等。《会计法》第三十六条规定："各单位应当根据会计业务的需要，设置会计机构，或者在有关机构中设置会计人员并指定会计主管人员；不具备设置条件的，应当委托经批准设立从事会计代理记账业务的中介机构代理记账。"

《会计法》对各单位会计、出纳机构与人员的设置没有做出硬性规定，只是要求各单位根据业务需要来设定。各单位可根据单位规模大小和货币资金管理的要求，结合出纳工作的繁简程度来设置出纳机构。大型企业可在财务处下设出纳科（或结算中心），中型企业可在财务科下设出纳室，小型企业一般在财务部门下配备专职出纳员。

（二）出纳人员的配备

设置了出纳机构，就应当配备相应的出纳人员。一般而言，实行独立核算的企业单位，在银行开户的行政事业单位，有经常性现金收入和支出业务的企业、行政事业单位，都应配备专职或兼职出纳人员，负责本单位的出纳工作。出纳人员的配备要以满足业务需要为原则，合理设置。一般可采用一人一岗、一人多岗、一岗多人等几种形式。

1. 一人一岗。规模不大、出纳工作量不多的单位，可设专职出纳员一名。

2. 一人多岗。规模较小、出纳工作量较少的单位，可设兼职出纳员一名。如无条件单独设置会计机构的单位，至少要在有关机构中（行政单位的办公室、后勤部门等）配备兼职出纳员一名。但兼职出纳人员不得兼管收入、费用、债权债务等账目的登记、稽核和会计档案保管工作。

3. 一岗多人。规模较大、出纳工作量较多的单位，可设多名出纳员，如分设管理收付的出纳员和管账的出纳员，或分设现金出纳员和银行结算出纳员等。

三、出纳人员应具备的素质

出纳是一项特殊的职业，做好出纳工作并不是一件容易的事，出纳人员应具备的素质与出纳工作的性质密切相关。出纳人员每天与金钱打交道，因此出纳人员的个人道德和专业素质便显得极其重要。从事出纳岗位工作的人员，要有较高的政策水平，并且要随时学习、了解财经法规和制度，持续提高政策水平；作为专职出纳人员，不但要具备处理一般会计事项的专业基本知识，还要具备较高的处理出纳事项的出纳专业知识水平和较强的数字运算能力，不断提高业务技能；出纳人员要保持严谨细致的工作作风，增强自身的安保意识，把保护自身分管的公共财产物资的安全作为自己的首要任务来完成。同时，还应具备良好的职业道德，要做到敬业爱岗、熟悉法规、依法办事、客观公正、搞好服务、保守秘密六个方面。

四、出纳账务处理程序

账务处理程序也称会计核算组织程序，是指在会计核算中，将会计凭证、会计账簿、会计报表的记账程序和记账方法相互结合的方式。会计凭证、会计账簿、会计报表之间结合的方式不同，形成了不同的账务处理程序。

目前，我国常用的会计账务处理程序主要有：记账凭证账务处理程序、科目汇总表账务处理程序、汇总记账凭证账务处理程序、日记总账账务处理程序、多栏式日记账账务处理程序。各种会计账务处理程序的主要区别在于登记总分类账的依据和方法不同，但是有关出纳业务处理的程序基本上一致，其基本程序如下：

1. 根据原始凭证或原始凭证汇总表填制收款凭证、付款凭证；对于转账投资有价证券的业务，还要直接根据原始凭证登记有价证券明细分类账（债券投资明细账、股票投资明细账等）。

2. 根据收款凭证、付款凭证逐笔登记现金日记账、银行存款日记账，从事有价证券投资业务的企业还要根据收款凭证、付款凭证详细地登记有价证券明细分类账。

3. 现金日记账的余额与库存现金每天进行核对，与总分类账中的现金账户定期进行核对；银行存款日记账与开户银行出具的银行对账单逐笔进行核对，至少每月一次，银行存款日记账的余额与银行存款总分类账定期进行核对；有价证券明细分类账与库存有价证券要定期进行核对。

4. 根据现金日记账、银行存款日记账、有价证券明细分类账等，定期或不定期编制出纳报告，提供出纳核算信息。出纳账务处理程序可用图 1–1 表示。

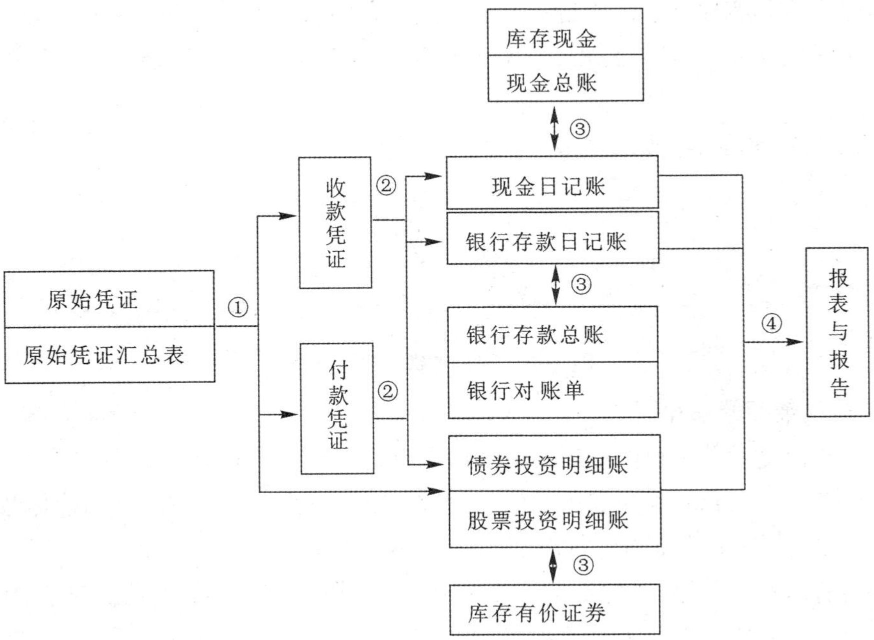

图 1–1　出纳账务处理程序

任务三　出纳人员的基本技能

做好出纳工作并不是一件很容易的事,它不仅要求出纳人员全面精通政策法规,工作作风严谨细致,还要熟练掌握相关的业务技能。出纳人员必须具备会计数字书写、点钞和人民币鉴别三项基本技能。

一、会计数字书写技能

数字是会计人员反映经济活动的主要载体。出纳人员要填制会计凭证、登记现金日记账和银行存款日记账,因此规范书写会计数字是出纳工作的一项基本素质。出纳工作中常用的数字书写有两种:一种是阿拉伯数字书写;另一种是中文大写数字书写。《会计基础工作规范》对此提出了基本要求。

(一)阿拉伯数字的书写

1. 阿拉伯数字书写的基本要求

(1)书写清晰、规范。阿拉伯数字应当一个一个地写,不得连笔写。字迹必须清晰、工整,书写应整洁美观,做到每个数字都大小匀称、笔画流畅,切忌潦草连笔、模糊不清。

(2)书写位置要适当。书写的每个数字要贴紧底线,但上不可顶格。一般每个格内数字占1/2或2/3的位置,要为更正数字留有余地。

(3)书写排列有序且字体要自右上方向左下方倾斜(数字与底线通常呈45°~60°倾斜)。数字间应保留一定的间距,且距离相等。数字上下左右对齐,数字间不能留有空格。

阿拉伯数字书写示例见图1-2。

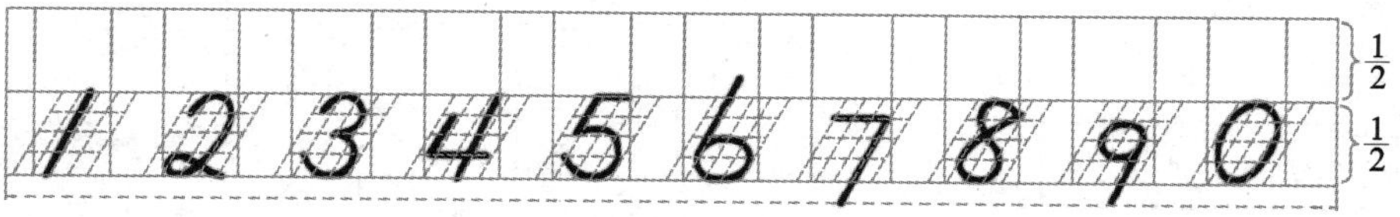

图1-2　阿拉伯数字书写示例

2. 阿拉伯金额的书写标准

(1)阿拉伯金额数字前面应当书写货币币种符号或者货币名称简写和币种符号(如人民币符号"¥")。币种符号与阿拉伯金额数字之间不得留有空白。凡阿拉伯数字前写有币种符号的,数字后面不再写货币单位(如人民币"元")。

(2)所有以元为单位(其他货币种类为货币基本单位,下同)的阿拉伯数字,除表示单价等情况外,一律填写到角分;无角分的,角位和分位可写"00",或者符号"——";有角无分的，分位应当写“0”，不得用符号“——”代替。

（二）中文大写数字的书写

1. 中文大写数字书写的基本要求

汉字大写数字金额如零、壹、贰、叁、肆、伍、陆、柒、捌、玖、拾、佰、仟、万、亿等，一律用正楷或者行书体书写，不得用0、一、二、三、四、五、六、七、八、九、十等简化字代替，不得任意自造简化字。中文大写数字对照见表1-1。

表1-1　中文大写数字对照表

0	1	2	3	4	5	6	7	8	9	10
零	壹	贰	叁	肆	伍	陆	柒	捌	玖	拾

2. 中文大写金额的书写标准

（1）中文大写数字是由数字和数位两部分组成，两者缺一不可。数字和数位一定要规范用字，切不可自造。

（2）大写金额数字前未印有货币名称的，应当加填货币名称（如人民币），货币名称与金额数字之间不得留有空白。

（3）大写金额数字到元或者角为止的，在“元”或者“角”字之后应当写“整”字或者“正”字；大写金额数字有分的，分字后面不写“整”或者“正”字。

（4）阿拉伯金额数字中间有“0”时，汉字大写金额要写“零”字；阿拉伯数字金额中间连续有几个“0”时，汉字大写金额中可以只写一个“零”字；阿拉伯金额数字元位是“0”，或者数字中间连续有几个“0”、元位也是“0”但角位不是“0”时，汉字大写金额可以只写一个“零”字，也可以不写“零”字。

会计数字书写示例见表1-2。

表1-2　会计数字书写范例

会计凭证账表上小写金额栏												原始凭证上的大写金额栏
没有数位分割线	有数位分割线											
	亿	千	百	十	万	千	百	十	元	角	分	
¥12.00							¥	1	2	0	0	人民币壹拾贰元整
¥203.40						¥	2	0	3	4	0	人民币贰佰零叁元肆角整
¥3004.56					¥	3	0	0	4	5	6	人民币叁仟零肆元伍角陆分
¥40050.67				¥	4	0	0	5	0	6	7	人民币肆万零伍拾元陆角柒分
¥500600.78			¥	5	0	0	6	0	0	7	8	人民币伍拾万零陆佰元柒角捌分
¥600070.89			¥	6	0	0	0	7	0	8	9	人民币陆拾万零柒拾元捌角玖分

二、点钞技能

点钞是指按照一定的方法查清票币的数额，又称票币整点，包括清点硬币和整点纸币。对于出纳人员来说，点钞是一项经常的、大量的、技术性很强的工作。点钞速度的快慢、技术水平的高低，直接影响工作的效率和质量。因此，点钞技术是出纳人员的必备技能之一，也是经贸、财会类专业的学生应该学习的一项专业技术。

（一）点钞的基本要求

票币整点是一项极为严肃的工作，必须严格遵守操作步骤，认真进行整理和清点，才能避免因为疏忽大意造成的经济损失。点钞必须要按照“五好钱捆”的标准，做到点准、挑净、墩齐、捆紧、盖章清楚。

1. 点准

点钞的关键技术就是“准”，准确无误地整点票币是点钞的基本要求。现钞涉及直接的经济利益，整点时必须当面点清，保证数量准确无误。出纳人员清点时务必要保持精神高度集中，做到手、脑、眼紧密配合。

2. 挑净

出纳人员在整点票币的过程中，必须按照严格的标准对损坏票币、伪造币以及变造币进行鉴别和剔出处理，当面处理辨认不清或有疑问的票币。

3. 墩齐

票币在挑选整理和清点无误后，必须要码齐整好，便于存放，做到四条边在同一水平线上，无凸出，无卷角，然后将其扎把。

4. 捆紧

将清点完的每一百张钞票捆扎为一小把，每十小把捆为一捆，即“百张一把，十把一捆”。做到小把扎紧，大捆捆紧。

5. 盖章清楚

点钞员每清点完一把票币都要记数盖章，捆钞条上的人名章是分清责任的标志。人名章要盖在钞券上侧的腰条纸上，也可以集中盖章。人名章必须工整、清晰，不得漏盖或辨认不清。

（二）点钞的基本步骤

1. 拆把

脱去待点票币的封条或将封条勾断，手持钞券为点数做好准备，一般左手持钞，可根据不同的点钞方法调整合适的持钞姿势。

2. 点数

左手持钞，右手点钞，眼睛紧盯捻动的钞票，同时脑中记数。手、眼、脑三位一体，协调配合，将钞票清点准确。

3. 扎把

把点准的一百张(或不足百张)的钞票墩齐,并用捆钱条扎紧,不足百张的在捆钱条上写出实点数和金额。

4. 盖章

每点完一把钞票,扎把后经办人盖上图章,以分清责任。

点钞是一个从拆把开始到扎把为止这样一个连续、完整的过程,要想将各个环节做好,就需要点钞时保持动作连贯,这样才能保证点钞质量和效率。清点时双手动作要协调,速度要均匀,要减少不自觉的小动作,以免影响动作的连贯性和点钞速度。

(三)点钞的基本要领

出纳人员在办理现金的收付与整点时,要做到准、快、好。“准”就是钞券清点不错不乱,准确无误;“快”是指在准的前提下,加快点钞速度,提高工作效率;“好”就是清点的钞券要符合“点准、挑净、墩齐、捆紧、盖章清楚”的要求。“准”是做好现金收付和整点工作的基础和前提,“快”和“好”是加速货币流通、提高服务质量的必要条件。

学习点钞,首先要掌握基本要领。基本要领对于哪一种方法都适用。点钞的基本要领大致可概括为以下几点。

1. 正确的坐姿

点钞时,两手各部位的肌肉要放松。肌肉放松,能够使双手活动自如,动作协调,并减轻劳动强度;否则,会使手指僵硬,动作不准确,既影响点钞速度,又消耗体力。正确的姿势是:肌肉放松,双肘自然放在桌面上,持票的左手腕接触桌面,右手腕稍抬起。

2. 钞券要蹾齐

需清点的钞券必须清理整齐、平直,这是点准钞券的前提,钞券不齐不易点准。对折角、弯折、揉搓过的钞券要将其捋直、抹平,明显破裂、质软的票子要先挑出来。清理好后,将钞券在桌面上蹾齐。

3. 开扇要均匀

钞券清点前,都要将票面打开成小扇形,使钞券有一个坡度,便于捻动。开扇均匀是指每张钞券的间隔距离必须一致,使之在捻钞过程中不易夹张。因此,扇面开得是否均匀,决定着点钞是否准确。

4. 手指触面要小

手工点钞时,捻钞的手指与票子的接触面要小。如果手指接触面大,手指往返动作的幅度随之增大,从而使手指频率减慢,影响点钞速度。

5. 动作要连贯

点钞时各个动作之间相互连贯是加快点钞速度的必要条件之一。动作要连贯包括两方面的要求:一是指点钞过程的各个环节必须紧密协调,环环扣紧,如点完 100 张蹾齐钞券后,左手持票,右手取腰条纸,同时左手的钞券跟上去,迅速扎好小把;在右手放票的同时,左手取另一把钞券准备清点,而右手顺手蘸水清点,等等。这样使扎把、持票及清点等各环节紧密地衔接起来。二是指清点时的各个动作要连贯,即第一组动作和第二组动作之间要尽量缩短。比如用手持式四指拨动点钞法清点时，当第一组动作的食指捻下第四张钞券时，第二组动作的小指要迅速跟上，不留间隔。这就要求在清点时双手动作要协调，清点动作要均匀，切忌忽快忽慢、忽多忽少。另外，在清点中尽量减少不必要的小动作、假动作，以免影响动作的连贯性和点钞速度。

6. 点、数要协调

点和数是点钞过程的两个重要方面，这两个方面要相互配合、协调一致。点的速度快，记数跟不上，或点的速度慢，记数过快，都会造成点钞不准确，甚至造成差错，给国家财产带来损失。所以，点和数二者必须一致，这是点准的前提条件之一。为了使两者紧密结合，记数通常采用分组法。单指单张以十为一组记数，多指多张以清点的张数为一组记数，使点和数的速度能基本吻合，同时记数通常要用脑子记，尽量避免用口数。

（四）手工点钞的具体方法

手工点钞的方法多种多样，实际工作中，运用最为广泛是单指单张点钞法和多指多张点钞法。

1. 单指单张点钞法

手持式单指单张点钞是指用一个手指一次点一张的方法，这是最基本、最常用的一种方法，使用范围广、频率高，可用于收款、付款和整点各种新旧大小钞券。这种点钞方法的优点是：持票人持票所占的票面较小，视线可及票面的3/4，容易发现假票，挑剔残破币也较方便。但一次只能记一个数，比较费力。具体操作方法如下：

（1）持票。将票币拆把，横执钞券，正面朝着身体，左手拇指在钞票正面左端约1/4处，食指与中指在钞票背面与拇指同时捏住钞票，无名指与小指自然弯曲并伸向票前左下方，与中指夹紧钞票，食指伸直，拇指向上移动，按住钞票侧面，将钞票压成瓦形，左手将钞票从桌面上擦过，拇指顺势将钞票向上翻成微开的扇形，同时，右手拇指、食指、中指蘸水做好点钞准备。

（2）清点。左手持钞并形成瓦形后，右手食指托住钞票背面右上角，用拇指尖逐张向下捻动钞票右上角，捻动幅度要小，不要抬得过高。要轻捻，食指在钞票背面的右端配合拇指捻动，左手拇指按捏钞票不要过紧，要配合右手起自然助推的作用。右手的无名指将捻起的钞票向怀里弹，要注意轻点快弹。

（3）挑残破券。在清点过程中，如发现残破券应按剔旧标准将其挑出。为了不影响点钞速度，点钞时不要急于抽出残破券，只要用右手中指、无名指夹住残破券将其折向外边，一把钞票点完后再把残破券补上完整券。

（4）记数。与清点同时进行。在点数速度快的情况下，往往由于记数迟缓而影响点钞的效率，因此记数应该采用分组记数法。把10作1记，即1、2、3、4、5、6、7、8、9、1（即10），1、2、3、4、5、6、7、8、9、2（即20），以此类推，数到1、2、3、4、5、6、7、8、9、10（即100）。采用这种记数法记数既简单又快捷，省力又好记。但记数时要默记，不要念出声，做到脑、眼、手密切配合，既准又快。

单指单张点钞法图解见图1-3。

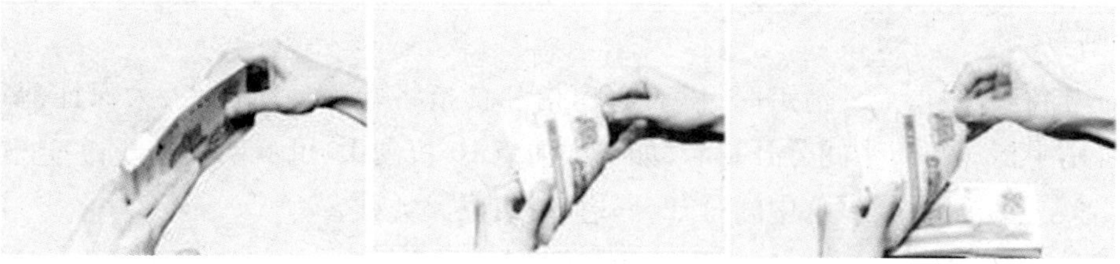

图 1-3　单指单张点钞法图解

2. 多指多张点钞法

多指多张点钞法是指点钞时用小指、无名指、中指、食指依次捻下一张钞票，一次清点四张钞票的方法，又称为四指拨动点钞法，是目前较为先进的一种方法。该方法适用于收款、付款和整点工作。这种方法不仅省力、省脑，而且效率高，能够逐张识别假钞票和挑剔残破钞票。

(1)持票。用左手持钞，中指在前，食指、无名指、小指在后，将钞票夹紧，四指同时弯曲将钞票轻压成瓦形，用右手脱下纸条拆把，拇指在钞票的右上角外面，将钞票推成小扇面，然后手腕向里转，使钞票的右里角抬起，右手五指准备清点。

(2)清点。右手腕抬起，拇指贴在钞票的右上角，其余四指同时弯曲并拢，从小指开始每指一张依次下滑，四个手指每下滑一次捻下四张钞票，循环操作，直至点完一把钞票。

(3)记数。采用分组记数法。每次点四张为一组，记一个数，记满 25 组为 100 张。

多指多张点钞法图解见图 1-4。

图 1-4　多指多张点钞法图解

(五)手工整点硬币的方法

手工整点硬币一般用于收款、收点硬币尾零款，以 100 枚为一卷，一次可清点 5 枚、12 枚、14 枚或 16 枚，最多可一次清点 18 枚。每次清点的枚数因个人技术熟练程度而定，其主要操作一般分为拆卷、清点、记数、包装、盖章这 5 个环节。

1. 拆卷

清点后使用的包装纸平放在桌子上。右手持硬币卷的 1/3 处放在新的包装纸中间；左手撕开硬币包装纸的一头，然后用右手从左到右端压开包装纸；包装纸压开后用左手食指平压硬币，右手抽出已压开的包装纸。这样即可准备清点。

2. 清点

从左向右分组清点。清点时，以右手拇指和食指将硬币分组清点，为保证清点的准确性，可用中指从每组中间分开查看，如一次清点10枚硬币，可从中间分开，一边为5枚；如一次清点12枚硬币，可从中间分开，一边6枚；以此类推。

3. 记数

采用分组记数法，一组为一次。如一次清点10枚，那么点10次即为100枚。

采用分组记数法，每一组为一次，每组的枚数相同，如一组点10枚，则记10次后即为100枚；如一组点12枚，则记8次后余4枚即100枚。如果是以50枚来进行包装的，则记数应更改，如一组点12枚，则记4次后余2枚；如一组点16枚，则记3次后余2枚。

4. 包装

清点完毕即可包装。一般硬币包装每100枚包一卷。包装时，用双手的无名指分别顶住硬币的两头，用拇指、食指、中指捏住硬币的两端，再用双手拇指把里半边的包装纸向外掀起并用食指掖在硬币底部，然后用右手掌心用力向外推卷，随后用双手的拇指、食指和中指分别把两头包装纸向中间方向折压紧贴硬币，再用拇指将后面的包装纸往前压，食指将前面的包装纸往后压，使包装纸与硬币贴紧，最后再用拇指、食指向前推币，这样包装完毕。包装的硬币要紧，不能松，两端不能露出硬币。

5. 盖章

硬币包装完毕后，整齐地平放在桌面上（硬币卷竖放），卷缝的方向一致，右手拿名章，贴在右面第一卷硬币上，左手平放在各硬币卷上并向右滚动，人名章随硬币卷的滚动依次盖在各卷上，使印章盖得又快又清晰。成卷的硬币也可横放在桌面上。右手人名章贴在最前面一卷的右端，用左手掌心推动硬币向前滚动，右手将人名章逐一盖在硬币卷的右端。

三、人民币鉴别技能

为了避免假币给企事业单位造成经济损失，出纳人员必须了解人民币的主要防伪特征及其相关知识，掌握人民币的真伪鉴别技巧，增强真假人民币识别能力，在日常的现金收付工作中提高警惕，保证现金收支的安全性。

（一）新版人民币的防伪特征

自1948年12月1日，中国人民银行成立并发行第一套人民币以来，央行相继在1955年、1962年、1987年和1999年共发行了五套人民币。目前我国流通的是第五套人民币。随着现金流通情况的不断变化，现金自动处理设备快速发展，假币伪造形式多样化，货币防伪技术更新换代加快，第五套人民币自1999年发行至今，历经四次改版。2015年发行的100元纸币以及2019年发行的50元、20元、10元、1元纸币和1元、5角、1角硬币，统称为新版人民币。新版人民币在保持原第五套人民币主图案等相关要素不变的前提下，提高了票面色彩鲜亮度，优化了票面结构层次与效果，采用先进的防伪技术，提升了整体防伪性能。下面以整套新版人民币为例，介绍其主要特征：

1. 2015 年版 100 元人民币的主要特征

2015 年版第五套人民币 100 元纸币在保持 2005 年版第五套人民币 100 元纸币规格、正背面主图案、主色调、“中国人民银行”行名、国徽、盲文和汉语拼音行名、民族文字等不变的前提下，对部分图案做了调整，对整体防伪性能进行了提升，保障人民币的使用安全性。2015 年 100 元人民币样币见图 1-5。

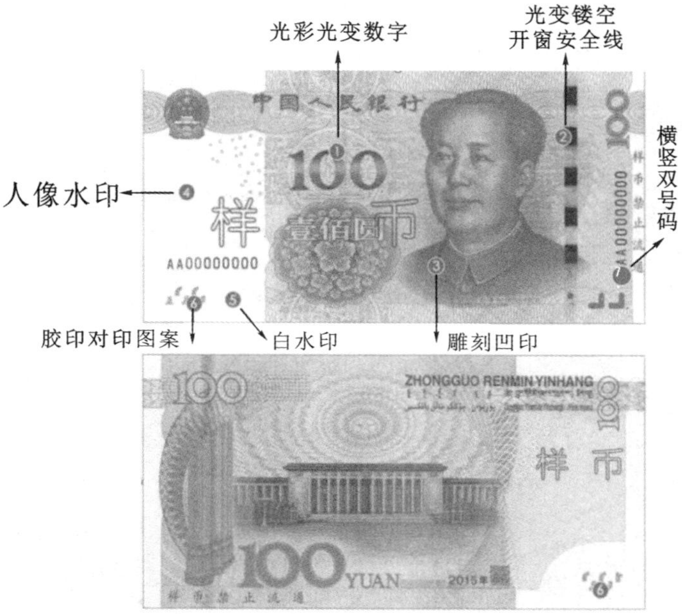

图 1-5　2015 年 100 元人民币样币展示（含防伪特征）

其具体防伪特征如下：

（1）光彩光变面额数字。新版人民币在票面正面中部印有光彩光变面额数字，改变钞票观察角度，面额数字“100”的颜色在金色和绿色之间变化，并可见一条亮光带上下滚动。100 元人民币光彩光变面额数字见图 1-6。

图 1-6　100 元人民币光彩光变面额数字

(2)光变镂空开窗安全线。光变镂空开窗安全线位于票面正面右侧。垂直票面观察,安全线呈现品红色;与票面成一定角度观察时,安全线又会呈现绿色。透光观察可见安全线中正反交替排列着镂空文字"¥100"。100 元人民币光变镂空开窗安全线见图1-7。

图 1-7　100 元人民币动感光变镂空开窗安全线

(3)雕刻凹印。票面正面毛泽东头像、国徽、"中国人民银行"行名、装饰团花、右上角面额数字、盲文面额标记及背面主景等均采用雕刻凹版印刷,触摸有凹凸感。100 元人民币雕刻凹印见图 1-8。

图 1-8　100 元人民币雕刻凹印

(4)人像水印。人像水印于票面正面左侧。透光观察,100 元人民币可见毛泽东头像水印。100 元人民币人像水印见图 1-9。

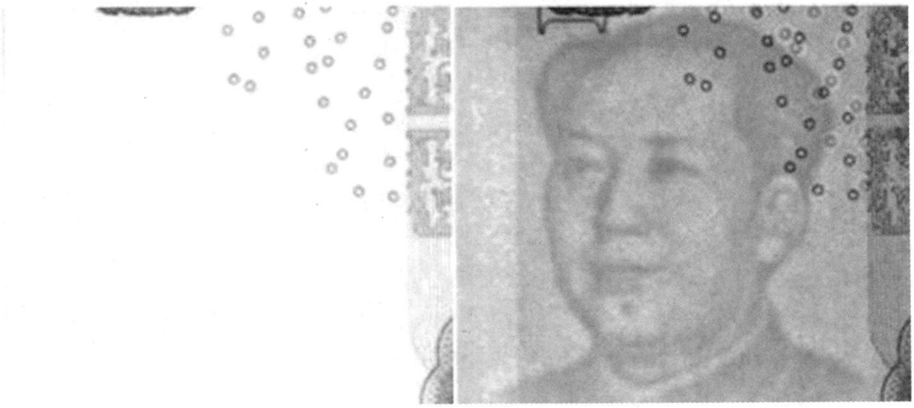

图 1-9　100 元人民币人像水印

(5)白水印。白水印位于票面正面左侧下方。透光观察,可以看到透光性很强的水印面额数字“100”。100 元人民币白水印见图 1-10。

图 1-10　100 元人民币白水印

(6)胶印对印图案。票面正面左下角和背面右下角均有面额数字“100”的局部图案。透光观察,正背面图案可以组成一个完整的面额数字“100”。100 元人民币胶印对印图案见图 1-11。

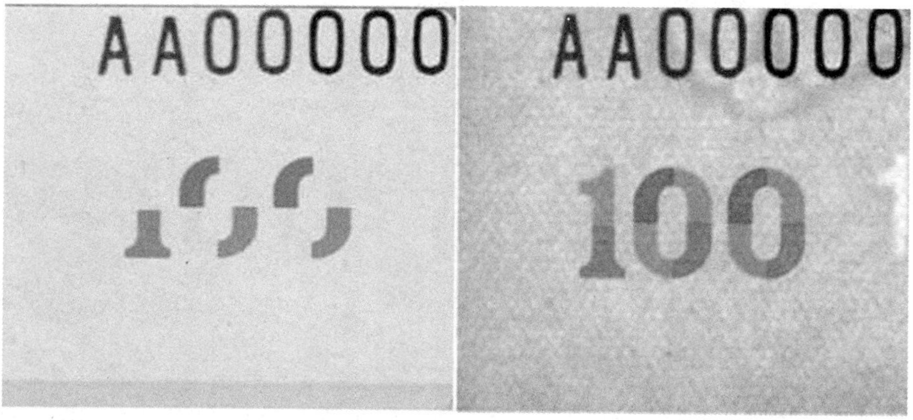

图 1-11　100 元人民币胶印对印图案

（7）横竖双号码。票面正面左下方采用横号码，其冠字和前两位数字为暗红色，后六位数字为黑色，票面正面右侧采用竖号码，其冠字和数字均为蓝色。100 元人民币横竖双号码见图 1-12。

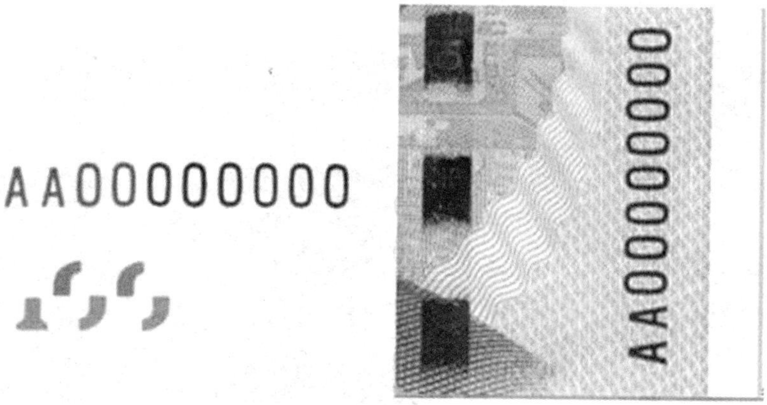

图 1-12　100 元人民币横竖双号码

2.2019 年版 50 元人民币的主要特征

2019 年版 50 元人民币样币展示见图 1-13 所示。

（1）光彩光变面额数字。新版人民币在票面正面中部印有光彩光变面额数字，改变钞票观察角度，面额数字“50”的颜色在绿色和蓝色之间变化，并可见一条亮光带上下滚动。

（2）光变镂空开窗安全线。动感光变镂空开窗安全线位于票面正面右侧。垂直票面观察，安全线呈现品红色；与票面成一定角度观察时，安全线又会呈现绿色；安全线颜色在红色和绿色之间变化，亮光带上下滚动；透光观察可见安全线中正反交替排列着镂空文字“￥50”。

图 1–13　2019 年 50 元人民币样币展示(含防伪特征)

(3)雕刻凹印。票面正面毛泽东头像、国徽、“中国人民银行”行名、装饰团花、右上角面额数字、盲文面额标记及背面主景等均采用雕刻凹版印刷,触摸有凹凸感。

(4)人像水印。人像水印位于票面正面左侧。透光观察,50 元人民币可见毛泽东头像水印。

(5)白水印。白水印位于票面正面左侧下方。透光观察,可以看到透光性很强的水印面额数字“50”。

(6)胶印对印图案。票面正面左下角和背面右下角均有面额数字“50”的局部图案。透光观察,正背面图案可以组成一个完整的面额数字“50”。

(7)横竖双号码。票面正面左下方采用横号码,其冠字和前两位数字为暗红色,后六位数字为黑色,票面正面右侧采用竖号码,其冠字和数字均为蓝色。

3. 2019 年版 20 元人民币的防伪特性

2019 年版 20 元人民币样币展示见图 1–14。

图 1-14　2019 年 20 元人民币样币展示(含防伪特征)

(1)光彩光变面额数字。新版人民币在票面正面中部印有光彩光变面额数字,改变钞票观察角度,面额数字“20”的颜色在金色和绿色之间变化,并可见一条亮光带上下滚动。

(2)光变镂空开窗安全线。光变镂空开窗安全线位于票面正面右侧。垂直票面观察,安全线呈现品红色;与票面成一定角度观察时,安全线又会呈现绿色;透光观察可见安全线中正反交替排列着镂空文字“￥20”。

(3)雕刻凹印。票面正面毛泽东头像、国徽、“中国人民银行”行名、装饰团花、右上角面额数字、盲文面额标记及背面主景等均采用雕刻凹版印刷,触摸有凹凸感。

(4)花卉水印。花卉水印位于票面正面左侧。透光观察,20 元人民币可见荷花图样水印。

(5)白水印。白水印位于票面正面左侧下方。透光观察,可以看到透光性很强的水印面额数字“20”。

(6)胶印对印图案。票面正面左下角和背面右下角均有面额数字“20”的局部图案。

透光观察，正背面图案可以组成一个完整的面额数字“20”。

（7）横竖双号码。票面正面左下方采用横号码，其冠字和前两位数字为暗红色，后六位数字为黑色，票面正面右侧采用竖号码，其冠字和数字均为蓝色。

4. 2019 年版 10 元人民币的主要特性

2019 年版 10 元人民币样币展示见图 1-15。

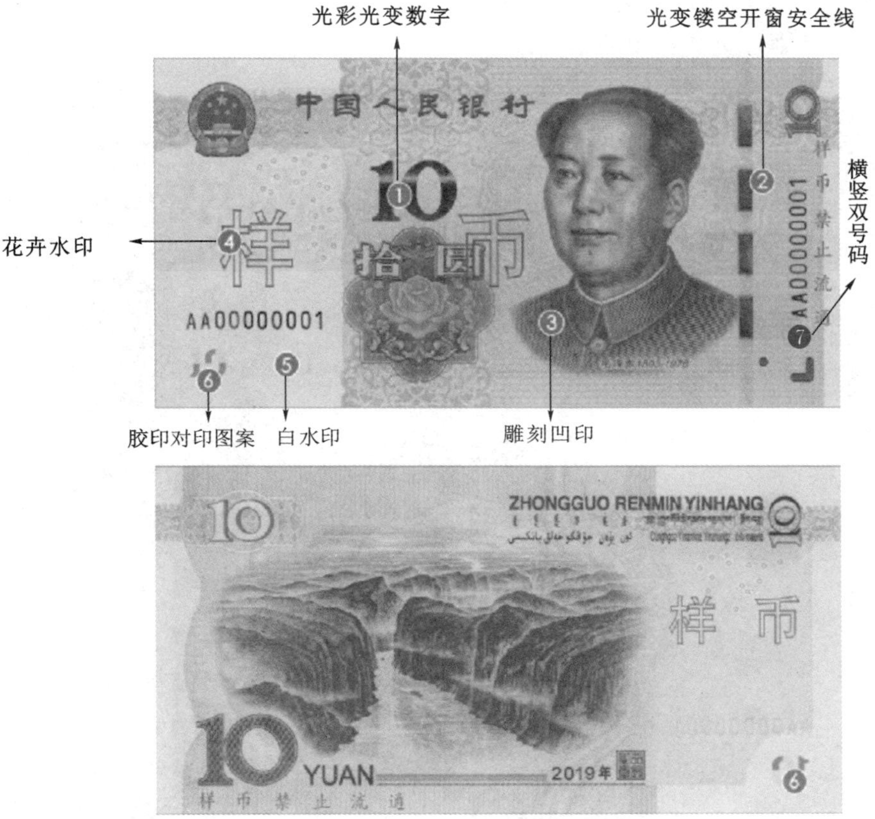

图 1-15　2019 年 10 元人民币样币展示（含防伪特征）

（1）光彩光变面额数字。新版人民币在票面正面中部印有光彩光变面额数字，改变钞票观察角度，面额数字“10”的颜色在绿色和蓝色之间变化，并可见一条亮光带上下滚动。

（2）光变镂空开窗安全线。光变镂空开窗安全线位于票面正面右侧。垂直票面观察，安全线呈现品红色；与票面成一定角度观察时，安全线又会呈现绿色；透光观察可见安全线中正反交替排列着镂空文字“￥10”。

（3）雕刻凹印。票面正面毛泽东头像、国徽、“中国人民银行”行名、装饰团花、右上角面额数字、盲文面额标记及背面主景等均采用雕刻凹版印刷，触摸有凹凸感。

（4）花卉水印。花卉水印位于票面正面左侧。透光观察，10 元人民币可见月季图样水印。

（5）白水印。白水印位于票面正面左侧下方。透光观察，可以看到透光性很强的水印面额数字“10”。

（6）胶印对印图案。票面正面左下角和背面右下角均有面额数字“10”的局部图案。透光观察，正背面图案可以组成一个完整的面额数字“10”。

（7）横竖双号码。票面正面左下方采用横号码，其冠字和前两位数字为暗红色，后六位数字为黑色，票面正面右侧采用竖号码，其冠字和数字均为黑色。

5. 2019 年版 1 元人民币的主要特征

2019 年版 1 元人民币样币展示见图 1–16。

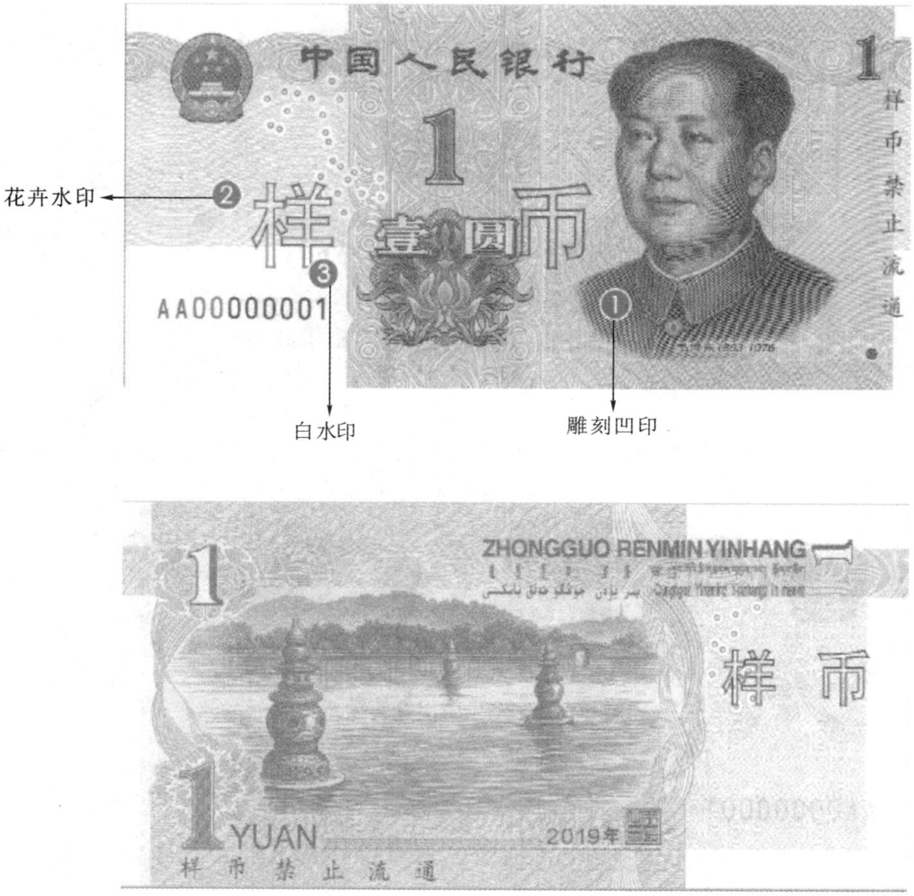

图 1–16　2019 年 10 元人民币样币展示（含防伪特征）

（1）雕刻凹印。票面正面毛泽东头像、国徽、“中国人民银行”行名、装饰团花、右上角面额数字、盲文面额标记及背面主景等均采用雕刻凹版印刷，触摸有凹凸感。

（2）花卉水印。花卉水印位于票面正面左侧。透光观察，1 元人民币可见立体型很强的兰花图样水印。

（3）白水印。白水印位于票面正面左侧下方。透光观察，可以看到透光性很强的水印面额数字“1”。值得注意的是，这是1元人民币首次增加白水印这一防伪性能。

6. 2019年版1元、5角、1角硬币的主要特征

(1)1元硬币。2019年版第五套人民币1元硬币保持1999年版第五套人民币1元硬币外形、直径、外缘特征、“中国人民银行”行名、汉语拼音面额、人民币单位、花卉图案、汉语拼音行名等要素不变。调整了正面面额数字的造型，正面面额数字“1”字体由衬线体调整为无衬线体并稍做倾斜处理；背面菊花图案适当收缩；直径由25毫米调整为22.25毫米。在防伪技术上有了进一步的提升，主要表现在两个方面，其一是增加了隐形图文，在硬币正面面额数字轮廓线内，有一组隐形图文“￥”和“1”边部增加圆点。转动硬币，从特定角度可以观察到“￥”，从另一角度可以观察到“1”；其二是增加外缘滚字，在硬币外缘的圆柱面，有等距离分布的三组字符“RMB”。1元硬币样币展示图，见图1-17。

①隐形图文　　②外缘滚字

图1-17　1元硬币样币展示图

(2)5角硬币。2019年版第五套人民币5角硬币保持1999年版第五套人民币5角硬币外形、直径外缘特征、“中国人民银行”行名、汉语拼音面额、人民币单位、花卉图案、汉语拼音行名等要素不变。调整了正面面额数字的造型，正面面额数字“5”字体由衬线体调整为无衬线体并稍作倾斜处理；背面荷花图案适当收缩；材质由钢芯镀铜合金改为钢芯镀镍，色泽由金黄色改为镍白色；正背面内周缘由圆形调整为多边形。其最大的防伪特性提升表现在增加了间断丝齿，在硬币外缘的圆柱面，共有六个丝齿段，每个丝齿段有八个齿距相等的丝齿。5角硬币样币展示见图1-18。

①间断丝齿

图1-18　5角硬币样币展示图

(3)1 角硬币。2019 年版第五套人民币 1 角硬币保持 2005 年版第五套人民币 1 角硬币外形、直径、材质、外缘特征、“中国人民银行”行名、汉语拼音面额、人民币单位、花卉图案、汉语拼音行名等要素不变。调整了正面面额数字的造型,正面面额数字“1”字体由衬线体调整为无衬线体并稍作倾斜处理;背面兰花图案适当收缩。正面边部增加圆点,丰富了币面形式美。1 角硬币的样币展示见图 1-19。

图 1-19　1 角硬币样币展示图

人民币是我国流通中的货币,它的工艺、设计都是一流的,每一张人民币都展现了工艺与美学的结合,人民币就是“国家名片”般的特别存在。100 元人民币向世界展示中国人信仰的庄重,第五套人民币 100 元纸币正面印制毛泽东头像,背面图案则是新中国成立十周年首都十大建筑之一的人民大会堂。除此之外,50 元人民币纸币的背面图案是巍峨壮观的布达拉宫、20 元人民币纸币的背面图案是如诗如画般秀美景色桂林山水、10 元人民币纸币的背面图案是被称为“长江之瑰宝”的瞿塘峡 · 夔门、1 元人民币纸币的背面图案是杭州西湖十景之一的三潭印月,每一张人民币的背景图案都是中国的名片。人民币不仅具有流通价值,同时还具有美学价值。

(二)人民币真伪鉴别技巧

出纳人员每日都要进行现金的收付业务,鉴别人民币的真伪是出纳人员的基本功之一。而假币的鉴别是一门专业性很强的技术,在实际工作中,鉴别假币的方式主要用人工鉴别法和仪器鉴别法两种。

1. 人工鉴别法

人工鉴别法是出纳人员通过眼看、手摸的方式挑出可疑人民币,与真币对比,从而辨别其真伪。这种方法要求出纳人员具有较高的专业素质,在实践工作中可采用“一转、二摸、三透光”方式进行鉴别。

(1)一转。转动人民币,改变观察角度,查看两个部分的变化。一是观察光彩光变面额数字,票面正面中部面额数字会变色为真人民币。100 元人民币和 20 元人民币可由垂直观察的金色变为水平观察的绿色,50 元人民币和 10 元人民币则由绿色变为蓝色;二是观察票面正面右侧的安全线,真人民币安全线随着观察角度的改变颜色由红色变为绿色。

(2)二摸。摸人像、盲文点、“中国人民银行”行名等处是否有凹凸感。用手揉摸钞票,真人民币纸张挺括,手感厚实,票面微涩,版纹深,有明显的凹凸感。

(3)透光。一是透光观察水印,头像(花卉)水印和面额数字水印透光观察,清晰可见,透光性极好;二是透光观察胶印对印图案,票面正面左下角和背面右下角的面额数字的局部图案透光观察可精准重合。

2. 仪器鉴别法

仪器鉴别法是指运用专门的鉴别仪器来鉴别人民币真伪的方法,点钞机是常见的人民币辨别仪器,集计数和辨伪于一身。由于现金流通规模庞大,银行出纳柜台现金处理工作繁重,点钞机已成为不可缺少的设备。随着印刷技术、复印技术和电子扫描技术的发展,伪钞制造水平越来越高,点钞机的辨伪性能也在不断提高,其辨伪手段通常有荧光识别、磁性分析、红外穿透三种方式。

(三)人民币的保护

《中国人民银行法》第十九条规定:“禁止伪造、变造人民币。禁止出售、购买伪造、变造的人民币。禁止运输、持有、使用伪造、变造的人民币。禁止故意毁损人民币。禁止在宣传品、出版物或者其他商品上非法使用人民币图样。”第二十条规定:“任何单位和个人不得印制、发售代币票券,以代替人民币在市场上流通。”

为保证人民币发行的集中统一,稳定金融和物价,保障国民经济的健康发展,必须加强对人民币的保护。《中国人民银行法》对人民币的保护主要有如下四个方面的规定:

1. 禁止各种变相货币的发行与流通

变相货币是指没有法定货币发行权的单位或个人签发的、以货币单位标示面值并在世面流通转让的各种有价证券和凭证,如有的单位发行“代金券”“购物券”“礼品券”等就属于变相发行货币的行为。变相货币的发行、流通的危害主要有:①违反了人民币集中统一发行的原则,侵犯了中国人民银行的法定货币发行权;②由于充当支付手段,扩大了社会货币供应量而又不在人民银行的监控下,对通货膨胀起了推波助澜的作用;③逃避了国家对工资、奖金的监督管理,扩大了消费基金支出;④助长了不正之风。凡此种种,影响到人民币的信誉和市场稳定,因此,必须禁止变相货币的发行与流通。

2. 禁止伪造、变造人民币和禁止贩卖伪造、变造的人民币

伪造人民币是指仿照中国人民银行发行的现行流通的纸币或铸币的形状、颜色、图案,制造伪币、冒充真币的行为;变造人民币是指用剪贴、挖补、拼凑、涂改、正背两面撕开等方法增大人民币票面额或增多票张数的行为。由于伪造、变造人民币和贩运伪造、变造的人民币的行为严重扰乱金融秩序,对国家、集体以及个人利益均会造成严重侵害,所以为保护国家货币、巩固国家金融,《中国人民银行法》第四十二、四十三条又进一步规定了法律责任。

3. 禁止故意毁损人民币

人民币是国家金融制度的体现,是国家保证市场流通的一种手段。人民币作为支付手段,承担着商品交换的流通作用,特别是一些小额人民币铸币,其铸造价值往往比其标

示的价值还高,毁损人民币会人为增加人民币发行基金,有时还可能造成小额人民币流通短缺,不利于市场上人民币的找换,给国家造成浪费。

4. 禁止非法使用人民币图样

禁止非法使用人民币图样,是为了保证国家货币的严肃性,也防止有人利用印有人民币图样的纸张冒充人民币,欺骗他人。

人民币是我国的法定货币,爱护人民币是每个公民的义务。作为公民在使用人民币时应注意:不要乱揉乱折,整点存放时要平铺整齐;不要在人民币票面上写、画或计数、盖印;用机具收付款时,应注意避免损伤人民币;在容易污损人民币的场所要使用收付款工具;防止油浸和腐蚀性化学药物对人民币的侵蚀,在生活中不要将肥皂、洗涤剂与人民币放在一起;凡发现图案不全、墨色过淡过浓、裁切偏斜、漏印花纹等人民币,应到就近银行鉴定,真币按面额兑换;严禁将金属币穿孔、磨边、剪口、轧薄变形等;不准随意撕裂、剪割人民币;企事业单位对收进的残损币应随时挑出,交存银行或向银行兑付,不得再向外支付;对破坏人民币的行为要批评教育,对故意破坏者要追究其法律责任。

(四)假币的处理

人民币是我国的法定货币,其正常流通和币值的稳定,关系到社会经济生活的稳定和人民的切身利益。出纳人员在日常工作中一旦发现假币,应及时按以下规定处理:

1. 单位发现他人持有伪造、变造的人民币的,应当立即向公安机关报告。

2. 出纳人员误收伪造、变造的人民币的,其经济损失应由当事人等额赔偿,并将相关假币及时上交中国人民银行、公安机关或者办理人民币存取款业务的金融机构。

3. 单位发现可疑币不能断定其真假时,可给持票人开具临时收据,连同可疑币及时报送银行鉴定。

4. 出纳人员如误收假币,决不允许转手付出,继续流通,否则就属于违法行为,应进行处罚。

5. 中国人民银行、公安机关发现伪造、变造的人民币,应当予以没收,加盖“假币”字样的戳记,并登记造册;持有人对公安机关没收的人民币的真伪有异议的,可以向中国人民银行申请鉴定。

(五)损伤人民币的处理

人民币一经发行进入流通领域,在人们手中不断周转,必然会因自然磨损或各种原因造成残缺损坏,这就是损坏的人民币,银行称为损伤券,人们则常常把它们叫作“破钱”。

为了提高人民币的整洁度,更好地发挥货币的职能,我国各银行出纳部门在收入现金的过程中,都会按照中国人民银行的有关规定,积极主动地办理损伤人民币的挑剔、调换和回收工作,使之退出流通领域。出纳人员将损坏的人民币挑剔出来之后,应及时按规定到当地银行办理兑换。残缺、损伤的人民币兑换分为以下几种情况:

1. 全额兑换的情况

凡残缺人民币属于下列情况之一的，可持币向银行营业部门全额兑换：

(1)票面残缺部分不超过1/4，其余部分的图案、文字能照原样连接的。

(2)票面污损、熏焦、水湿、油浸、变色，但能辨别真假，票面完整；或残缺不超过1/4，票面其余部分的图案、文字能照原样连接的。

2. 半额兑换的情况

票面残缺1/4以上至1/2，其余部分的图案、文字能照原样连接，持币人可到银行营业部门照原面额的半数兑换，但不得流通使用。

3. 不予兑换的情况

凡残缺人民币属于下列情况之一的，不予兑换：

(1)票面残缺1/2以上的。

(2)票面污损、熏焦、水湿、变色不能辨别真假的。

(3)故意挖补、涂改、剪贴、拼凑、揭去一面的。

不予兑换的损坏人民币由银行挑剔出来后加盖"作废"戳记或打洞，也可不加盖戳记或打洞作废。不予兑换的票券和硬币，均可退还原主。对故意损毁人民币者，银行应将票币没收，并视情节轻重给予批评教育，或交司法部门依法处理。

【复习思考题】

1. 什么是出纳？出纳的基本职能有哪些？
2. 出纳的职责和权限有哪些？
3. 出纳机构的设置和人员的配备有哪些要求？
4. 简述出纳的账务处理程序。
5. 会计数字书写有哪些注意事项？
6. 单指单张和多指多张点钞法如何具体操作？
7. 人民币真伪鉴别技巧有哪些？

【实操演练题】

1. 练习阿拉伯数字的规范书写。
2. 练习中文大写数字的规范书写。
3. 补充完整以下表格，练习人民币大写金额和小写金额的书写。

会计凭证账表上小写金额栏												原始凭证上的大写金额栏
没有数位分割线	有数位分割线											
	亿	千	百	十	万	千	百	十	元	角	分	
¥15.00												
						¥	4	0	8	1	0	
												人民币玖仟零捌元柒角陆分
				¥	7	0	0	3	0	2	1	
¥800900.56												
												人民币陆拾万零伍拾元叁角玖分

项目二

现金的管理与核算实务

课前导读

【学习内容】 本章主要介绍了出纳的基本业务之一现金的管理与核算业务

【学习目标】 通过本章学习，了解现金管理的内容；明确现金管理的原则、现金管理制度的内容和具体规定以及现金清查的方法；掌握现金收付业务处理流程、收付业务原始凭证的填制方法、现金日记账的设置和登记方法以及现金收付业务和现金清查结果的账务处理方法。

任务一　现金及其管理概述

一、现金的含义

会计范畴中的现金又称库存现金，是指存放在企业并由出纳保管的现钞，包括库存的人民币和各种外币。现金是流动性最大的一种货币资金，它可以随时用于购买所需物资、支付日常零星开支、偿还债务等。

广义的现金应包括库存现金和视同现金的各种银行存款、流通证券等。狭义的现金是指企业所拥有的硬币、纸币，即由出纳保管、作为日常零星业务开支使用的库存现金。本教材采用狭义的现金概念。

二、现金管理的原则

现金管理就是指对现金的收、付、存等各环节进行的管理。依据《现金管理暂行条例》的规定，现金管理的基本原则如下：

(1)开户单位库存现金一律实行限额管理。

（2）不准擅自坐支现金。所谓“坐支”现金是指企业事业单位和机关、团体、部队从本单位的现金收入中直接用于现金支出。坐支现金容易打乱现金收支渠道，不利于开户银行对企业的现金进行有效的监督和管理。

（3）企业收入的现金不准作为个人储蓄存款来存储。

（4）收入现金应及时送存银行。企业的现金收入应于当天送存开户银行，确有困难的，应由开户银行确定送存时间。

（5）严格按照国家规定的开支范围使用现金，结算金额超过起点的不得使用现金。

（6）不准编造用途套取现金。企业在国家规定的现金使用范围和限额内需要现金的，应从开户银行提取，提取时应写明用途，不得编造用途套取现金。

（7）企业之间不得相互借用现金。

三、现金管理的规定

根据《现金管理暂行条例》《现金管理暂行条例实施细则》及《内部会计控制规范——货币资金》的规定，现金管理应遵循以下规定。

（一）现金的使用范围

（1）职工工资、津贴。这里所说的职工工资是指企业事业单位和机关、团体、部队支付给职工的工资和工资性津贴。

（2）个人劳务报酬，指由于个人向企业事业单位和机关、团体、部队等提供劳务而由这些单位向个人支付的劳务报酬，包括新闻出版单位支付给作者的稿费，各种学校、培训机构支付给外聘教师的讲课费，以及设计费，装潢费，安装费，制图费，化验费，测试费，咨询费，医疗费，技术服务费，经纪服务费，代办服务费，各种演出与表演费以及其他劳务费用。

（3）根据国家制度的规定，颁发给个人的科学技术、文化艺术、体育等方面的各种奖金。

（4）各种劳保、福利费用以及国家规定的对个人的其他支出，如退休金、抚恤金、学生助学金、职工困难生活补助。

（5）收购单位向个人收购农副产品和其他物资的价款，如收购金银、工艺品、废旧物资的价款。

（6）出差人员必须随身携带的差旅费。

（7）结算起点（1 000 元）以下的零星支出。超过结算起点的应通过银行转账结算。

（8）中国人民银行确定需要现金支付的其他支出。如采购地点不确定、交通不便、抢险救灾以及其他特殊情况，办理转账结算不够方便，必须使用现金的支出。对于这类支出，现金支取单位应向开户银行提出书面申请，由本单位财会部门负责人签字盖章，开户银行审查批准后予以支付现金。

除上述（5）（6）两项外，其他各项在支付给个人的款项中，支付现金每人不得超过

1 000 元，超过限额的部分根据提款人的要求，在指定的银行转存为储蓄存款或以支票、银行本票予以支付。企业与其他单位的经济往来除规定的范围可以使用现金外，应通过开户银行进行转账结算。

（二）库存现金限额的管理办法

1. 库存现金限额的概述

库存现金限额是指国家规定由开户银行给各单位核定一个保留现金的最高额度。核定单位库存现金限额的原则是：既要保证日常零星现金支付的合理需要，又要尽量减少现金的使用。开户单位由于经济业务的需要，增加或减少库存现金限额的，应按必要手续向开户银行提出申请。

2. 库存现金限额的管理

（1）按照《现金管理暂行条例》及实施细则的规定，库存现金限额由开户银行和开户单位根据具体情况商定，凡在银行开户的单位，银行根据实际需要核定 3 ~ 5 天的日常零星开支数额作为该单位的库存现金限额。边远地区和交通不便地区的开户单位，其库存现金限额的核定天数可以适当放宽在5 天以上，但最多不得超过15 天的日常零星开支的需要量。

（2）各单位实行收支两条线，不准“坐支”现金。各单位现金收入应于当日送存银行，如当日确有困难，由开户单位确定送存时间。如遇特殊情况需要坐支现金，应该在现金日记账上如实反映坐支情况，并同时报告开户银行，便于银行对坐支金额进行监督和管理。

（3）企业送存现金和提取现金，必须注明送存现金的来源和支取的用途，且不得私设“小金库”。

（4）按照《现金管理暂行条例》及其实施细则的规定，企业事业单位和机关、团体、部队现金管理还应遵循“八不准”，即：①不准用不符合财务制度的凭证顶替库存现金；②不准单位之间互相借用现金；③不准谎报用途套取现金；④不准利用银行账户代其他单位和个人存入或支取现金；⑤不准将单位收入的现金以个人储蓄存入银行；⑥不准保留账外公款；⑦不准发行变相货币；⑧不准以任何票券代替人民币在市场上流通。

3. 库存现金限额的核定程序

按照规定，库存现金限额每年核定一次，经核定的库存现金限额，开户单位必须严格遵守。其核定的具体程序为：

（1）开户单位与开户银行协商核定库存现金限额。

$$库存现金限额 = 每日零星支出额 \times 核定天数$$

$$每日零星支出额 = 月（或季）平均现金支出总额 \div 月（或季）平均天数$$

（2）由开户单位填制“库存现金限额申请批准书”。

（3）开户单位将申请批准书报送单位主管部门，经主管部门签署意见，再报开户银行审查批准，开户单位凭开户银行批准的限额数作为库存现金限额。

（三）备用金管理

备用金（国际上也称暂定金额）是企业、机关、事业单位或其他经济组织等拨付给非独立核算的内部单位或工作人员备作差旅费、零星采购、零星开支等的款项。备用金管理制度可以分为定额备用金制度和非定额备用金制度两种。

1. 定额备用金制

定额备用金制是指按用款部门的实际需要，核定备用金定额，并按定额拨付现金的管理办法。用款部门按规定的开支范围支用备用金后，凭有关支出凭证向财会部门报销，财会部门如数付给现金，使备用金仍与定额保持一致。一般对用于费用开支的小额备用金，实行定额管理的办法；对用于销售找零用的备用金，按营业柜组核定定额，并拨付现金。各柜组可从销货款中经常保留核定的找零款，不存在支出和报销的问题。

2. 非定额备用金制

非定额备用金制是指用款部门根据实际需要向财会部门领款的管理办法。在凭有关支出凭证向财会部门报销时，作减少备用金处理，直到用完为止。如需补充备用金，再另行办理拨款和领款手续。对用于收购农副产品的备用金，在旺季集中收购时一般采用非定额管理的办法，在淡季零星收购时则采用定额管理的办法，实行交货补款。

总而言之，无论实行哪种管理办法，都要建立和健全备用金的领用、保管和报销等手续制度，并指定专人负责经管备用金。经管人员发生变动时，必须办理交接手续，以明确经济责任。

四、现金、票据及印章的保管

（一）现金的保管

现金的保管，主要是指对每日收取的现金和库存现金的保管。库存现金的保管需注意以下几个方面：

1. 要有专人保管库存现金

库存现金保管的责任人是出纳人员以及其他所属单位的兼职出纳人员。出纳人员应选择诚实可靠、工作责任心强、业务熟练的人员担任。

2. 存取现金要有安全措施

向银行送存现金或提取现金时，一般应有两人以上。数额较大的，途中最好用专箱装放、专车运送，必要时进行武装押运。

3. 库存现金存放要有安全措施

出纳的办公室要选择坚固实用的房间，能防潮、防火、防盗、通风；墙壁、房顶要牢固；门、窗要有铁栏杆或金属板（网），根据需要可安装自动报警、监控等装置。出纳人员要配备专用保险柜，保险柜应靠出纳办公室的内墙存放，保险柜钥匙由出纳人员专人保管，不得交由其他人员代管；保险柜应由出纳人员开启，并做好开启记录，严格保密；出纳人员工作变动时，应及时更换密码。保险柜的钥匙或密码丢失或发生故障时，要立即报请领导处理，不得随意找人修理或配钥匙。必须更换保险柜时，要办理以旧换新的批准手续，并注明更换情况备查。

4. 现金盘点

日清月结是出纳员办理现金出纳工作的基本原则和要求，也是避免出现长款、短款的重要措施。所谓日清月结就是出纳员办理现金出纳业务必须做到按日清理，按月结账。具体来说，就是指出纳员应对当日的经济业务进行清理，全部登记日记账，结出库存现金账面余额，并与库存现金实地盘点数核对。出纳员按现金类别分别清点其数量，然后加总，即可得出当日现金的实存数。将盘存得出的实存数和账面余额进行核对，看两者是否相符。如发现有长款或短款，应进一步查明原因，及时进行处理。

所谓长款，指现金实存数大于账存数；所谓短款，是指现金实存数小于账存数。

如果经查明长款属于记账错误、单据丢失等，应及时更正错账或补办手续；如属少付他人款项，则应查明原因后将款项退还原主，如果确实无法退还，应经过一定审批手续，将款项作为单位的收益。对于短款，如查明属于记账错误，应及时更正错账；如果属于出纳员工作疏忽或业务水平问题，一般应按规定由过失人赔偿。

现金盘点报告表见表 2–1 所示。

表 2–1

现金盘点报告表

单位名称：　　　　　　　　　　　　　　　　　　年　　月　　日

实存金额	实存账存对比		注
	盘盈	盘亏	
分析原因：	审批意见：		

盘点人签章：　　　　出纳签章：

(二) 票据的保管

1. 有价证券的保管

有价证券是一种具有储蓄性质的、可以最终兑换成人民币的票据。它的种类较多，目前我国发行的有价证券有国库券、国家重点建设债券、地方债券、金融债券、企业债券和股票等。有价证券是企业资产的一部分，具有与现金相同的性质和价值。有价证券的保管同现金的保管基本一样，同时要对各种有价证券的面额和号码保守秘密。为掌握各种债券到期时间，应建立“认购有价证券登记簿”。

2. 空白支票及空白收据的管理

在银行存款的额度内，开户单位均可向开户银行领购支票，企业一般都保留一定数量的空白支票以备使用。支票是一种支付凭证，一旦填写了有关内容并加盖在银行留有印样的图章后，即可成为直接从银行提取现金或与其他单位进行结算的凭据。所以，对空白支票的使用必须加强管理，同时要采取必要的措施，妥善保管，以免发生非法使用和盗用、遗失等情况。

存有空白支票的企业，必须明确指定专人妥善保管。要贯彻票、印分管的原则，空白支票和印章不得由同一人负责保管，明确责任，形成制约机制，防止舞弊行为的发生。

空白收据即未填制的收据。空白收据一经填制，并加盖有关印鉴，即可成为办理转账结算和现金支付的一种书面证明，直接关系到资金结算的准确、及时和安全，因此，必须按规定加以保管和使用。

空白收据一般应由主管会计人员保管。要建立"空白收据登记簿"（表2-2），填写领用日期、领用单位、起始号码，并由领用人签字，收据用完后，要及时归还、核销。使用单位不得将收据带出工作单位使用，不得转借、赠送或买卖，不得弄虚作假，开具实物与票面不相符的收据，更不能开具存根联与其他联不符的收据，作废的收据要加盖"作废"章，各联要连同存根一起保管，不要撕毁、丢失。

表2-2

空白收据登记簿

领用日期		领用单位	起始号码	证件	领用人	核准人
月	日					

（三）印章的保管

支票印鉴章一般应由会计主管人员或指定专人保管，支票和印鉴必须由两人分别保管。负责保管的人员不得将印鉴章随意存放或带出工作单位。各种印鉴章应与现金的保管相同，不得随意放入抽屉内保管，以防违法、违纪人员有可乘之机，给国家和单位造成不必要的经济损失。

任务二　现金收入业务核算实务

一、现金收入业务的流程

（一）现金收入的基本业务

现金收入业务是各单位在其生产经营和非生产经营活动中取得现金的业务，具体如下：

1. 经营业务收入。它是指单位出售商品、材料等物资或提供劳务、业务咨询、信息等取得的没有通过转账结算的现金收入。

2. 非经营业务收入。它是指单位对外发生的除经营业务以外的活动所取得的现金收入，如投资收入、罚没收入以及对外索赔收入等营业外收入。

3. 预收现金款项。它是指收到购货单位或接受劳务单位或个人用现金预交的货款、劳务服务款或定金。

4. 其他现金收款业务。它是指向有关单位或个人收取的不属于以上收入的款项，包括单位职工报销差旅费或借用备用金退还的余款，向有关单位或个人收取的押金、赔偿款及向职工收回的代垫款项。

（二）现金收入业务的流程

1. 直接收款的业务流程

直接收款时，交款人直接持现金到出纳部门交款，出纳人员根据有关收款凭据办理收款事宜。收款的一般程序如下：

（1）受理收款业务，查看收款依据是否齐备。

（2）审核现金来源是否合法、合理。

（3）当面点清现金，做到收付两清，一笔一清。

（4）开具收款凭据，并在收款凭据上加盖“现金收讫”印鉴。

（5）根据收款收据记账联和收款依据，编制记账凭证。

（6）根据审核无误的记账凭证登记现金日记账。

2. 从银行提取现金的业务流程

当单位需要用现金进行支付，或者企业的实际库存现金小于库存现金定额而需要补充现金时，除了按规定可以用非业务性现金收入补充以及国家规定可以坐支的以外，均应按规定在银行规定的现金使用范围内从银行提取现金。取款的一般程序是：

（1）填写现金支票（票样见表 2-3）。一般由出纳人员填写现金支票并到银行提取现金。

表 2–3

中国工商银行 现金支票存根 No. 33889990	中国工商银行现金支票　　No. 33889990
附加信息 出票日期　年　月　日 收款人： 金　额： 用　途： 单位主管　会计	出票日期（大写）　年　月　日　付款行名称： 收款人：　出票人账号： 本支票付款期限十天 人民币（大写）　十 万 百 十 万 千 百 十 元 角 分 用途 上列款项请从 我账户内支付 出票人签章　复核　记账

附加信息：	收款人签章 年　月　日 身份证名称：　发证机关： 号码	（粘贴单处）

根据《中华人民共和国票据法》等法律法规的规定签发空头支票由中国人民银行处以票面金额5%但不低于1000元的罚款。

（2）向开户银行提交取款凭证并取得领款对号单或号牌。

（3）取款人持领款对号单或号牌到银行出纳窗口领取现金。

（4）取款人收取现金后，应认真清点，确认无误后才能离开。

（5）取回现金后，出纳人员应及时将现金存入保险柜。

（6）出纳人员要根据现金支票存根（票样见表2–4）或回单编制记账凭证。

表 2–4

中国工商银行

现金支票存根

NO. 3789626

附加信息

出票日期　　年　月　日

收款人：
金　额：
用　途：

单位主管：　　　　会计：

（7）根据审核无误的记账凭证登记现金日记账。

二、现金收入业务的原始凭证

(一)现金收入业务原始凭证的填制

各单位收入现金应根据款项的性质开具收款收据,并必须坚持先收款后开收据的原则。由于各单位从事的经济业务的性质不同,因此在具体办理现金收款业务时,所采用的原始凭证的种类也不同。一般来说,涉及现金收款业务的原始凭证有以下几种。

1. 现金支票

各单位在现金不足支付时,可以签发现金支票向开户银行提取现金,现金支票的填写要求如下:

(1)在填写现金支票时,应按有关规定认真填写支票中的有关栏目。

(2)现金支票需要填写的内容有收款人和开户银行名称、支票号码、签发日期、签发人账号、大小写金额、用途等项目。填写时必须要素齐全、内容真实、数字正确、字迹清晰,做到标准、规范,防止涂改。

(3)签发日期应填写实际出票日期,支票正联的出票日期必须使用中文大写,支票存根部分出票日期可用阿拉伯数字书写。在支票正联填写出票日期时,为防止变造的出票日期,在填写日、月时应注意:日、月为壹至玖的,应在其前加“零”;日为拾至拾玖的,应在其前加“壹”。

(4)现金支票收款人可写本单位名称,现金支票背面被背书人栏内加盖本单位的财务专用章和法人章,之后收款人可凭现金支票直接到开户银行提取现金。

(5)大写金额应紧接“人民币”书写,不得留有空白,以防加填;大小写金额要对应,要按规定书写。

(6)阿拉伯小写金额数字前面,均应填写人民币符号“￥”。阿拉伯小写金额数字要认真填写,不得连写。

(7)如实写明用途,存根联与支票正联填写的用途应一致。

(8)在签发人签章处按预留银行的印鉴分别签章,签章不能缺漏。

(9)现金支票签发后,将支票从存根联与正联之间骑缝线剪开,正联交给收款人办理提现,存根联要留下作为记账依据。

(10)签发支票应使用蓝黑墨水或碳素墨水填写。未按规定填写被涂改冒领的,由签发人负责。

(11)支票的大、小写金额和收款人不得更改。如有错误,不得更改,必须作废重填。

2. 发票

发票是指一切单位和个人在购销商品、提供劳务或接受劳务、服务以及从事其他经营活动所提供给对方的收付款的书面证明,是财务收支的法定凭证,是会计核算的原始依据,也是审计机关、税务机关执法检查的重要依据。

一般来说,发票的种类有以下几种:

(1)增值税普通发票。增值税普通发票是指在购销商品、提供或接受服务以及从事其他经营活动中,所开具和收取的收付款凭证。任何单位和个人在购销商品、提供或接受服务以及从事其他经营活动中,除增值税一般纳税人开具和收取的增值税专用发票之外,所开具和收取的各种收付款凭证均为普通发票。普通发票可以由从事经营活动并办理了税务登记的各种纳税人领购使用,未办理税务登记的纳税人也可以向税务机关申请领购使用普通发票。普通发票内容一般包括:票头、字轨号码、联次及用途、客户名称、银行开户账号、商(产)品名称或经营项目、计量单位、数量、单价、金额,以及大小写金额、经手人、单位印章、开票日期等。普通发票按照联次分为两联票和五联票两种,基本联次为两联,第一联为记账联,销货方用作记账凭证;第二联为发票联,购货方用作记账凭证。此外为了满足部分纳税人的需要,在基本联次后添加了三联的附加联次,即五联票,后三联不规定具体用途,供企业选择使用。此外,普通发票购货方不能抵扣进项税额。(以五联次为例,票样见表 2-5)。

表 2-5

041001900105　河南增值税普通发票　NO 17125723

校验码　　开票日期:2020年04月09日

购买方	名　称:沃尔沃汽车公司-马来西亚工厂 纳税人识别号: 地 址、电 话: 开户行及账号:			密码区	94+-1〈*071+〉/94-791-77/047 795416*1*〈402〈65782〉1〈651〈+ 88452〉〈/972/〉517〉/55/681-〉4 〉0832-+416*1*〈402〈657829842		
货物或应税劳务名称	规格型号	单位	数量	单价	金额	税率	税额
发动机支架	32138983	只	288	23.06	6641.28	0%	0
合　计					¥6641.28		0
价税合计(大写)	陆仟陆佰肆拾壹圆贰角捌分				(小写)¥6641.28		
销货方	名　称:飞龙汽车部件股份有限公司 纳税人识别号:91411200176580XXX 地 址、电 话:河南省四峡县工业大道 开户行及账号:西峡县工商银行工业大道支行			备注	一般贸易 电汇 飞龙汽车部件股份有限公司 91411200176580XXXX 发票专用章		

收款人:刘康　复核:薛永红　开票人:张雪丽　销货单位:(章)

第一联:记账联　销货方记账凭证

041001900105　河南增值税普通发票　NO 17125723

校验码　　开票日期:2020年04月09日

购买方	名　称:沃尔沃汽车公司-马来西亚工厂 纳税人识别号: 地 址、电 话: 开户行及账号:			密码区	94+-1〈*071+〉/94-791-77/047 795416*1*〈402〈65782〉1〈651〈+ 88452〉〈/972/〉517〉/55/681-〉4 〉0832-+416*1*〈402〈657829842		
货物或应税劳务名称	规格型号	单位	数量	单价	金额	税率	税额
发动机支架	32138983	只	288	23.06	6641.28	0%	0
合　计					¥6641.28		0
价税合计(大写)	陆仟陆佰肆拾壹圆贰角捌分				(小写)¥6641.28		
销货方	名　称:飞龙汽车部件股份有限公司 纳税人识别号:91411200176580XXX 地 址、电 话:河南省四峡县工业大道 开户行及账号:西峡县工商银行工业大道支行			备注	一般贸易 电汇 飞龙汽车部件股份有限公司 91411200176580XXXX 发票专用章		

收款人:刘康　复核:薛永红　开票人:张雪丽　销货单位:(章)

第二联:发票联　购买方记账凭证

041001900105　　河南增值税普通发票　　NO 17125723

此联不做报销、扣税凭证使用

校验码　　　　开票日期：2020年04月09日

购买方	名　　称：沃尔沃汽车公司—马来西亚工厂 纳税人识别号： 地 址、电 话： 开户行及账号：	密码区	94+-1〈*071+〉/94-791-77/047 795416*1*〈402〈65782〉1〈651〈+ 88452〉〈/972/〉517〉/55/681-〉4 〉0832-+416*1*〈402〈657829842

货物或应税劳务名称	规格型号	单位	数量	单价	金额	税率	税额
发动机支架	32138983	只	288	23.06	6641.28	0%	0
合　　计					¥6641.28		0
价税合计（大写）	陆仟陆佰肆拾壹圆贰角捌分				（小写）¥6641.28		

销货方	名　　称：飞龙汽车部件股份有限公司 纳税人识别号：91411200176580XXX 地 址、电 话：河南省四峡县工业大道 开户行及账号：西峡县工商银行工业大道支行	备注	一般贸易 电汇 飞龙汽车部件股份有限公司 91411200176580XXXX 发票专用章

收款人：刘康　　复核：薛永红　　开票人：张雪丽　　销货单位：（章）

第三联：

041001900105　　河南增值税普通发票　　NO 17125723

此联不做报销、扣税凭证使用

校验码　　　　开票日期：2020年04月09日

购买方	名　　称：沃尔沃汽车公司—马来西亚工厂 纳税人识别号： 地 址、电 话： 开户行及账号：	密码区	94+-1〈*071+〉/94-791-77/047 795416*1*〈402〈65782〉1〈651〈+ 88452〉〈/972/〉517〉/55/681-〉4 〉0832-+416*1*〈402〈657829842

货物或应税劳务名称	规格型号	单位	数量	单价	金额	税率	税额
发动机支架	32138983	只	288	23.06	6641.28	0%	0
合　　计					¥6641.28		0
价税合计（大写）	陆仟陆佰肆拾壹圆贰角捌分				（小写）¥6641.28		

销货方	名　　称：飞龙汽车部件股份有限公司 纳税人识别号：91411200176580XXX 地 址、电 话：河南省四峡县工业大道 开户行及账号：西峡县工商银行工业大道支行	备注	一般贸易 电汇 飞龙汽车部件股份有限公司 91411200176580XXXX 发票专用章

收款人：刘康　　复核：薛永红　　开票人：张雪丽　　销货单位：（章）

第四联：

041001900105　　河南增值税普通发票　　NO 17125723

此联不做报销、扣税凭证使用

校验码　　　　开票日期：2020年04月09日

购买方	名　　称：沃尔沃汽车公司—马来西亚工厂 纳税人识别号： 地 址、电 话： 开户行及账号：	密码区	94+-1〈*071+〉/94-791-77/047 795416*1*〈402〈65782〉1〈651〈+ 88452〉〈/972/〉517〉/55/681-〉4 〉0832-+416*1*〈402〈657829842

货物或应税劳务名称	规格型号	单位	数量	单价	金额	税率	税额
发动机支架	32138983	只	288	23.06	6641.28	0%	0
合　　计					¥6641.28		0
价税合计（大写）	陆仟陆佰肆拾壹圆贰角捌分				（小写）¥6641.28		

销货方	名　　称：飞龙汽车部件股份有限公司 纳税人识别号：91411200176580XXX 地 址、电 话：河南省四峡县工业大道 开户行及账号：西峡县工商银行工业大道支行	备注	一般贸易 电汇 飞龙汽车部件股份有限公司 91411200176580XXXX 发票专用章

收款人：刘康　　复核：薛永红　　开票人：张雪丽　　销货单位：（章）

第五联：

(2)增值税专用发票。增值税专用发票是由国家税务总局监制设计印制、增值税一般纳税人开具的发票，是购买方支付增值税额，并按照增值税有关规定据以抵扣增值税进项税额的凭证，是增值税计算和管理中重要的合法的专用发票。增值税专用发票的基本联次为三联：记账联、抵扣联和发票联。（票样见表2-6）

表2-6

4100104140　　河南增值税专用发票　　NO 000002-2

记账联

校验码　　开票日期：2020年04月08日

购买方	名称：南昌圣龙百货公司 纳税人识别号：9141919567832xxxx 地址、电话：南昌市肯山路156x号 开户行及账号：工行肯云路分理处150223189887			密码区	6877789*&^*(&%45*&^)(*&*(%(6^^#%#@#$@342vkh%43223216+5456132 415?>〈$#@$#+128$+151#@$@$+177@+1103+1129#@Q$@#R#564816#r3w341 65151@#553#$%#5+128&^#$&^3515618651*^%651651&$		
货物或应税劳务名称	规格型号	单位	数量	单价	金额	税率	税额
遥控玩具车模型		台	500	200	100 000	13%	13 000
遥控飞机模型		台	300	300	90 000	13%	11 700
合　计							
价税合计（大写）	贰拾壹万肆仟柒佰圆整			（小写）214 700.00			
销货方	名称：郑州塞亚玩具有限公司 纳税人识别号：91410104712644xxxx 地址、电话：郑州市北环路1xx36号 开户行及账号：工商银行文化北路支行			备注	飞龙汽车部件股份有限公司 91411200176580XXXX 发票专用章		

收款人：刘康　　复核：李芳　　开票人：郭金　　销货单位：（章）

第一联：记账联　销货方记账凭证

4100104140　　河南增值税专用发票　　NO 000002-2

抵扣联

校验码　　开票日期：2020年04月08日

购买方	名称：南昌圣龙百货公司 纳税人识别号：9141919567832xxxx 地址、电话：南昌市肯山路156x号 开户行及账号：工行肯云路分理处150223189887			密码区	6877789*&^*(&%45*&^)(*&*(%(6^^#%#@#$@342vkh%43223216+5456132 415?>〈$#@$#+128$+151#@$@$+177@+1103+1129#@Q$@#R#564816#r3w341 65151@#553#$%#5+128&^#$&^3515618651*^%651651&$		
货物或应税劳务名称	规格型号	单位	数量	单价	金额	税率	税额
遥控玩具车模型		台	500	200	100 000	13%	13 000
遥控飞机模型		台	300	300	90 000	13%	11 700
合　计							
价税合计（大写）	贰拾壹万肆仟柒佰圆整			（小写）214 700.00			
销货方	名称：郑州塞亚玩具有限公司 纳税人识别号：91410104712644xxxx 地址、电话：郑州市北环路1xx36号 开户行及账号：工商银行文化北路支行			备注	飞龙汽车部件股份有限公司 91411200176580XXXX 发票专用章		

收款人：刘康　　复核：李芳　　开票人：郭金　　销货单位：（章）

第二联：抵扣联　购买方扣税凭证

4100104140　　河南增值税专用发票　　NO 000002-2

发票联

校验码　　开票日期：2020年04月08日

购买方	名称：南昌圣龙百货公司 纳税人识别号：9141919567832xxxx 地址、电话：南昌市肯山路156x号 开户行及账号：工行肯云路分理处150223189887			密码区	6877789*&^*(&%45*&^)(*&*(%(6^^#%#@#$@342vkh%43223216+5456132 415?>〈$#@$#+128$+151#@$@$+177@+1103+1129#@Q$@#R#564816#r3w341 65151@#553#$%#5+128&^#$&^3515618651*^%651651&$		
货物或应税劳务名称	规格型号	单位	数量	单价	金额	税率	税额
遥控玩具车模型		台	500	200	100 000	13%	13 000
遥控飞机模型		台	300	300	90 000	13%	11 700
合　计							
价税合计（大写）	贰拾壹万肆仟柒佰圆整			（小写）214 700.00			
销货方	名称：郑州塞亚玩具有限公司 纳税人识别号：91410104712644xxxx 地址、电话：郑州市北环路1xx36号 开户行及账号：工商银行文化北路支行			备注	飞龙汽车部件股份有限公司 91411200176580XXXX 发票专用章		

收款人：刘康　　复核：李芳　　开票人：郭金　　销货单位：（章）

第三联：发票联　购买方记账凭证

（3）政府非税收入一般缴款书。它是指国家行政机关、事业单位等按规定收取规定费用和咨询服务费用时所开具的收款收据，由国家财政部门统一印刷或加盖监制章。非税收入是指除税收以外，由各级政府、国家机关、事业单位、代行政府职能的社会团体及其他组织依法利用政府权力、政府信誉、国家资源、国有资产或提供特定公共服务、准公共服务取得的财政资金，是政府财政收入的重要组成部分。

政府非税收入一般缴款书一式五联：第一联为回单，代收银行加盖“收讫章”或“转讫章”后退回执收单位，作为执收单位记账凭证；第二联为借方凭证，作为缴款人开户银行借方凭证；第三联为贷方凭证，作为收款人开户银行贷方凭证；第四联为收据，由费用征收工作人员加盖“执收单位印章”后生效，并将其递交缴款人，作为缴款人缴款收据，特殊情况也可以由收款银行盖章；第五联为存根，执收单位留存，按照票号顺序，妥善保管。（票样见表2-7）

表2-7

河南省政府非税收入缴款通知书

缴款确认码：　　　　注册号码：国财（2012）票字第01号　　　　NO:123055002

收费单位编码：　　　　填制日期　　年　　月　　日　　　　票据号校验码:83

收费单位名称：　　　　区号:0101（省级专用）

<table>
<tr><td rowspan="3">缴款人</td><td>全　称</td><td colspan="2"></td><td rowspan="3">收款人</td><td>全　称</td><td colspan="2"></td></tr>
<tr><td>账　号</td><td colspan="2"></td><td>账　号</td><td colspan="2"></td></tr>
<tr><td>开户银行</td><td colspan="2"></td><td>开户银行</td><td colspan="2"></td></tr>
<tr><td colspan="2">项目编码</td><td>项目名称</td><td>单位</td><td>数量</td><td>收缴标准</td><td colspan="2">金　额</td></tr>
<tr><td colspan="2"></td><td></td><td></td><td></td><td></td><td colspan="2"></td></tr>
<tr><td colspan="2"></td><td></td><td></td><td></td><td></td><td colspan="2"></td></tr>
<tr><td colspan="2"></td><td></td><td></td><td></td><td></td><td colspan="2"></td></tr>
<tr><td colspan="2"></td><td></td><td></td><td></td><td></td><td colspan="2"></td></tr>
<tr><td colspan="2">合计</td><td colspan="4">人民币（大写）</td><td colspan="2">（小写）：</td></tr>
<tr><td colspan="4">单位主管　　会计　　复核　　记账</td><td colspan="4">上列款项已收妥并划转收款单位账户
银行盖章
复核员　　记账员　　出纳员
年　月　日</td></tr>
</table>

电脑打印、手写无效

第一联　代理银行收款签章后由缴款人返执收单位

本缴款书自开票之日起30天有效。

3. 收款收据

收款收据是与单位内部职能部门或职工个人之间的现金往来以及与外部单位和个人之间的非经营性现金往来而开具的收款凭证。内部收据一般由各单位根据自己的需要设计、印刷或向商店购买，无须到税务机关领购。收据一般一式两联，第一联为存根联，第二联为记账联。票样见表2-8。

表2-8

收　据

单位名称：__________　　　　年　月　日

名称及规格	单位	数量	单价	金额							
				十	万	千	百	十	元	角	分
合计金额	大写：佰　拾　万　仟　佰　拾　元　角　分　小写￥：________										

一联：存根

单位（盖章有效）：　　开票人：　　经手人：

收　据

单位名称：__________　　　　年　月　日

名称及规格	单位	数量	单价	金额							
				十	万	千	百	十	元	角	分
合计金额	大写：佰　拾　万　仟　佰　拾　元　角　分　小写￥：________										

二联：记账

单位（盖章有效）：　　开票人：　　经手人：

（二）现金收入业务原始凭证的审核

出纳办理收款业务时，对于由其他人员填制的现金收款原始凭证，如未经会计和有关人员审核，出纳应首先对凭证进行审核，主要审核以下内容：

（1）现金收入业务原始凭证的完整性。完整性是对原始凭证的形式审核，主要审核凭证填写是否完整，各项目是否按规定填写齐全，各项手续是否齐备，有关人员的签章是否齐全等。

（2）现金收入业务原始凭证的真实性、合法性。真实性、合法性是对原始凭证内容的实质审核。出纳人员应以国家有关方针、政策、法令、制度和本单位的有关规定为依据，对原始凭证的真实性、合法性进行审核，以防止和杜绝变造、伪造原始凭证的违法乱纪行为的发生，保证货币资金的安全。

（3）现金收入业务原始凭证的正确性。出纳人员应审核现金收入业务原始凭证反映的商品数量、单价、金额等是否正确，有无刮、擦、涂改等印记，计算是否正确，是否按规定填写，等等。

三、现金收入业务的核算

现金收入业务的核算，是指对现金收入业务的原始凭证审核后填制相应的记账凭证，根据审核后的记账凭证逐笔登记现金日记账。

下面根据现金来源渠道不同进行分类核算举例。

（一）从银行提取现金业务

各单位出纳人员根据实际业务需要，在银行核定的库存限额内填写现金支票，办理向银行取款的手续。

【例 2-1】　6 月 2 日，光华公司从银行提取现金 5 800 元备用。财务部门根据现金支票存根联（表 2-9 所示），编制银行存款付款凭证（表 2-10），分录为：

借：库存现金　　　　5 800

　　贷：银行存款　　　　5 800

表 2-9

中国工商银行

现金支票存根

支票号码 X113573256

科　　目＿＿＿＿＿＿＿＿

对方科目＿＿＿＿＿＿＿＿

出票日期 2020 年 05 月 07 日

收款人：河南省光华公司
金额：5800.00
用途：备用金
备注：

单位主管：　　　　会计：

表 2–10

付款凭证

银付字第 001 号

贷方科目银行存款　　　　2020 年 05 月 07 日

摘要	对方科目		借或贷	金额										√
	总账科目	明细科目		千	百	十	万	千	百	十	元	角	分	
提取备用金	库存现金		借					5	8	0	0	0	0	
合　计							¥	5	8	0	0	0	0	

附单据壹张

会计主管：孙立　　记账：　　出纳：　　复核：　　制单：

（二）经营业务收入现金的核算

经营业务收入是指单位出售商品、材料等物资或提供劳务、业务咨询、信息等取得的现金收入。

工业企业的经营业务收入包括主营业务收入和其他业务收入。工业企业对外销售产品一般通过银行转账结算，涉及的零星销售业务较少。

【例 2–2】　光华公司 4 月 12 日向外销售 A 产品 10 件，每件不含税价 300 元，合计 3 000 元，增值税税率为 13%，对方用现金支付。财务部门应根据增值税专用发票记账联（表 2–11）编制现金收款凭证（表 2–12），会计分录如下：

表 2–11

4100104140　　河南增值税专用发票　　NO 000002-2

发票联

校验码　　　　开票日期：2020年04月08日

购买方	名称：南昌圣龙百货公司 纳税人识别号：9141919567832xxxx 地址、电话：南昌市肯山路156x号 开户行及账号：工行肯云路分理处150223189887			密码区	6877789*&^*（&%45*&^)(*&*（%（6^^#%#@#$@342vkh%43223216+5456132 415?>〈$#@$#+128$+151#@$@$+177@+1103+1129#@Q$@#R#564816#r3w341 65151@#553#$%#5+128&^#$&^3515618651*^%651651&$		
货物或应税劳务名称	规格型号	单位	数量	单价	金额	税率	税额	
A产品		件	10	300	3000.00	13%	390.00	
合　计					¥3000.00		¥390.00	
价税合计（大写）	叁仟叁佰玖拾元整			（小写）¥3390.00				
销货方	名称：郑州光华公司 纳税人识别号：91410104712645xxxx 地址、电话：郑州市北环路1xx26号 开户行及账号：工商银行文化北路支行			备注	郑州光华公司 91410104712745xxxx 发票专用章			

第一联：记账联 销货方记账凭证

收款人：吴洁　　复核：李芳　　开票人：郭金　　销货单位：（章）

表 2-12

收 款 凭 证

现收 字第 001 号

借方科目 库存现金　　　　2020 年 04 月 12 日

摘要	对方科目		借或贷	金额										√
	总账科目	明细科目		千	百	十	万	千	百	十	元	角	分	
销售 A 产品	主营业务收入		贷					3	0	0	0	0	0	
	应交税益	应交增值税（销项税额）							3	9	0	0	0	
合　　计							¥	3	3	9	0	0	0	

附单据壹张

会计主管：孙立　　记账：　　出纳：　　复核：　　制单：吴静　　受款人：

借：库存现金　　　　3 390

　贷：主营业务收入　　　3 000

　　应交税费——应交增值税（销项税额）

　　　　　　　　390

除了产品销售收入外，工业企业从事其他销售或从事其他副营业务如材料销售、技术转让、固定资产出租、包装物出租、运输等业务，其所取得的收入按规定应记入“其他业务收入”账户。

【例 2-3】　光华公司 6 月 5 日收到某单位现金支付的设备出租租金 400 元。按照规定，财务部门应当根据收费收据（表 2-13）编制现金收款凭证（见表 2-14），会计分录如下：

表 2–13

收　　据

单位名称：郑州光华公司　　　　　　　　　　2020 年 06 月 05 日

名称及规格	单位	数量	单价	金额							
				十	万	千	百	十	元	角	分
设备出租租金							4	0	0	0	0
合计金额	大写：佰 拾 万 仟肆佰 拾 元 角 分　小写￥：400										

一联：存根

单位（盖章有效）：郑州光华公司 财务专用章　开票人：张静　经手人：

表 2–14

收 款 凭 证

现收 字第 002 号

借方科目 库存现金　　　　2020 年 04 月 12 日

摘 要	对方科目		借或贷	金额										√
	总账科目	明细科目		千	百	十	万	千	百	十	元	角	分	
收到设备出租租金	其他业务收入		贷						4	0	0	0	0	
合　　计								￥	4	0	0	0	0	

附单据壹张

会计主管：孙立　记账：　出纳：　复核：　制单：吴静　受款人：

借：库存现金　　　　400

　贷：其他业务收入　　　　400

（三）营业外收入现金的核算

营业外收入是指企业发生的与企业生产经营无直接关系的各项收入，包括固定资产盘盈、处理固定资产净收益、罚款收入、对外索赔收入等。

【例 2–4】　光华公司 6 月 12 日收到职工刘俊清因旷工而交纳的现金罚款 100 元。按照规定，财务部门应当根据收款收据（表 2–15）编制现金收款凭证（表 2–16），会计分录如下：

表 2-15

收　据

单位名称：郑州光华公司　　　　2020 年 06 月 12 日

名称及规格	单位	数量	单价	金额 十	万	千	百	十	元	角	分
职工罚款刘俊清							1	0	0	0	0
						¥	1	0	0	0	0
合计金额	大写：佰　拾　万　仟壹佰　拾　元　角　分　　小写￥：100										

一联：存根

单位（盖章有效）：郑州光华公司财务专用章　　开票人：张静　　经手人：

表 2-16

收 款 凭 证

现收 字第 003 号

借方科目 库存现金　　　　2020 年 04 月 12 日

摘要	对方科目 总账科目	明细科目	借或贷	金额 千	百	十	万	千	百	十	元	角	分	√
收到职工罚款	营业外收入		贷						1	0	0	0	0	
合　计								¥	1	0	0	0	0	

附单据壹张

会计主管：孙立　　记账：　　出纳：　　复核：　　制单：吴静　　受款人：

借：库存现金　　　　100

　贷：营业外收入　　　　100

（四）预收现金款项的核算

预收现金款项是指收到购货的单位或接受劳务的单位或个人用现金预交的货款、劳务服务款或定金。按现行会计制度规定,收到预收的现金款项应通过“预收账款”账户进行核算,预收款项业务不多的单位可不设“预收账款”账户,而通过“应收账款”账户进行核算。

【例2-5】 光华公司6月15日收到600元现金作为购买产品的定金。按照规定,财务部门应当根据收款收据(表2-17)编制现金收款凭证(表2-18),会计分录如下:

表2-17

收　据

单位名称:郑州光华公司　　　　2020年06月15日

名称及规格	单位	数量	单价	金额：十	万	千	百	十	元	角	分
产品定金							6	0	0	0	0
						¥	6	0	0	0	0
合计金额	大写: 佰 拾 万 仟陆佰 拾 元 角 分			小写¥: 600							

一联:存根

单位(盖章有效): 郑州光华公司 财务专用章　　开票人:张静　　经手人:

表2-18

收 款 凭 证　　现收 字第004号

借方科目 库存现金　　2020年04月12日

摘要	对方科目：总账科目	明细科目	借或贷	金额：千	百	十	万	千	百	十	元	角	分	√
收到产品定金	预收账款		贷						6	0	0	0	0	
合　计								¥	6	0	0	0	0	

附单据壹张

会计主管:孙立　　记账:　　出纳:　　复核:　　制单:吴静　　受款人:

借:库存现金　　600

　贷:预收账款　　600

（五）其他现金收款业务的核算

其他现金收款业务是指向有关单位或个人收取的不属于以上收入的款项，包括单位职工报销差旅费或借用备用金退还的余额，向有关单位或个人收取的押金、赔偿款及向职工收回的各种代垫款项等。按现行会计制度规定，这些款项应通过“其他应收款”“其他应付款”进行核算。

【例2-6】　光华公司6月20日收到某单位交来包装物押金360元，财务部门应当根据收款收据（表2-19）编制现金收款凭证（表2-20），会计分录如下：

表2-19

收　　据

单位名称：郑州光华公司　　　　2020年06月20日

名称及规格	单位	数量	单价	金额							
				十	万	千	百	十	元	角	分
职工罚款刘俊清							3	6	0	0	0
						¥	3	6	0	0	0
合计金额	大写：佰　拾　万　仟叁佰陆拾　元　角　分　　小写¥：360										

一联：存根

单位（盖章有效）：郑州光华公司 财务专用章　　开票人：　　经手人：

表2-20

收 款 凭 证　　　　现收 字第005号

借方科目 库存现金　　　　2020年04月12日

摘要	对方科目		借或贷	金额										√
	总账科目	明细科目		千	百	十	万	千	百	十	元	角	分	
收到包装物押金	其他应付款		贷						3	6	0	0	0	
合　计								¥	3	6	0	0	0	

附单据壹张

会计主管：孙立　　记账：　　出纳：　　复核：　　制单：吴静　　受款人：

借:库存现金　　　　　360
　　贷:其他应付款　　　　　360

任务三　现金支付业务核算实务

一、现金支付业务的流程

(一)现金支付的基本原则

出纳人员必须以严肃谨慎的态度处理现金支付业务,因为一旦发生失误,将会造成不可弥补的经济损失。现金支付主要有以下几个原则:

(1)必须以真实、合法、准确的付款凭证为依据。

(2)必须以谨慎严肃的态度来处理支付业务,宁可慢一些,也不能疏忽大意。

(3)必须把手续完备、审核无误的付款凭证作为最终付款依据。

(4)现金支付时,票款要当面点清,双方确认无误。不得套取现金用于支付。

套取现金是指逃避现金审查,采用不正当手段支取现金的违法行为。套取现金主要有以下几种方式:

(1)编造合理用途或以支取差旅费、备用金的名义支取现金。

(2)利用私人或其他单位的账户支取现金。

(3)用公款转存个人储蓄账户支取现金。

(4)用转账方式通过银行、邮局汇兑,异地支取现金。

(5)用转账凭证换取现金。

(6)虚报冒领工资、奖金和津贴补助。

(二)现金支付业务的流程

尽管各单位现金支付业务种类繁多,但各单位在办理现金支付业务时主要采用两种不同的付款方式。下面分别介绍这两种方式的业务流程。

1. 出纳直接付款方式

出纳直接付款方式是指出纳人员按支付单据直接将现金付给收款单位和个人的付款方式。具体程序如下:

(1)受理原始单据。出纳人员在取得付款依据后,按规定进行审核,对于出纳人员直接经办的业务如现金汇款等,还需要填制原始凭证并办理各种手续。

(2)根据审核无误的原始单据支付现金。根据审核无误的原始单据办理现金支付时,出纳应进行清点,同时要求收款人当面点清、当面确认,并在审核无误的原始单证上加盖“现金付讫”印章。如果是由收款人直接领取现金的,由其本人签收;如果是由他人代领的，应在得到当事人的确认后，方可由代领人签收，并注明“×××代×××领款”字样，以明确双方的责任。

(3)根据审核无误并加盖“现金付讫”印章的原始单据，由会计或出纳据以编制现金付款凭证。

(4)根据审核无误的现金付款凭证登记现金日记账。

2. 向银行送存现金的程序

按照规定，各单位在其日常现金收支业务中，除了按规定可以坐支的现金和非业务性零星收入收取的现金可以用于补足库存现金限额的不足外，其他业务活动取得的现金以及超过库存现金限额的现金都必须按规定于当日送存银行。当日送存银行确有困难的，由开户行确定送存时间。送存现金的基本程序如下：

(1)整点票币。出纳人员对需要送存银行的现金分票面金额整理，点清送存金额，便于同银行清点现金。

(2)到银行送交现款。出纳人员填制“现金缴款单”，将现金送交银行受理窗口，并与银行柜台的经办人员当面点清，如有差异，应当复核并予以解决。

(3)银行及送款人双方确认无误后，由银行按规定在“现金缴款单”上签章，银行盖章后退回缴款人回单联，表示款项已收妥。

(4)根据审核无误的原始单据，由会计或出纳据以编制现金付款凭证。

(5)根据审核无误的现金付款凭证登记现金日记账。

二、现金支付业务的原始凭证

(一)现金支付业务原始凭证的填制

现金付款业务除购买物品等取得普通发票外，一般填制自制原始凭证。自制原始凭证是根据各单位业务需要由各单位自己制作并专门用于发生现金付款业务时填制的原始凭证。由于各单位发生的现金付款业务的性质不同，自制现金付款原始凭证的格式、内容也各不相同。

1. 借款单

借款单是各单位内部所属机构或职工个人向出纳人员借款时使用的借款凭证，一般适用于单位内部机构购买零星办公用品或物品、因出差或其他临时需要等原因的借款(模板见表2-21)。

表 2-21

借款单

填表日期：　年　月　日

借款部门		借款人		使用部门			
款项类别	现金□　转账□　支票□　支票号码：						
借款用途及理由							
借款金额	（大写）　¥						
还款方式							
借款人		财务		副总经理		总经理	
附件（张）		备注					

2. 工资表

工资表是各单位按月向职工支付工资的原始凭证。各单位根据工资制度和本单位的工资计算方法自行设计、印制工资表，也可到当地商店或有关部门统一领购（模板见表 2-22）。

表 2-22

2020 年 4 月员工工资单模板

序号	员工姓名	应发工资				应扣款				实发工资	备注
		基本工资	补贴	考核奖励	小计	缺勤	五险一金	个税	小计		
1	张三	6 000.00	800.00	1 000.00	7 800.00	100.00	1 200.00	45.00	1 345.00	6 455.00	

3. 费用报销单

费用报销单是各单位内部有关人员为单位购买零星物品、接受外单位或个人劳务或服务而办理报销业务，以及单位的职工向单位办理医疗费报销等使用的单据。费用报销单可以由各单位根据自己的需要自行设计、印制，也可到当地商店统一领购。它可以设计成各种专门报销单，如购买零星物品报销单、医疗报销单、交通补助费报销单等，也可以设计成统一的报销单（模板见表 2-23）。

表 2-23

费 用 报 销 单

年　月　日

报销部门		报销人	
收款方名称		开户银行	
银行账号			
支付方式	□现金　□转账　□电汇　□冲账　□其他		
本次费用支付明细			
费用名称	用途		金额
合计金额（大写）：　万　仟　佰　拾　圆　角			¥：
部门负责人：	总经理：	会计审核：	出纳：

原 始 票 据 粘 贴 处

附件：　张

粘 贴 线	原 始 票 据 粘 贴 处

4. 差旅费报销单

差旅费报销单是各单位出差人员根据车票、飞机票、住宿发票等外来凭证填制的用来报销差旅费和出差补贴费的原始凭证。它是报销单的一种特殊形式，可以由各单位根据需要自行设计、印制，也可到当地商店统一领购(模板见表2-24)。

表2-24

职工差旅费报销单

部门：　　　　　　　　　　　　　　　　　　　　　　　　年　月　日

<table>
<tr><td colspan="2">职别</td><td colspan="2"></td><td colspan="2">姓名</td><td colspan="2"></td><td colspan="3">出差期间</td><td colspan="3">月　日至　月　日</td></tr>
<tr><td colspan="14">出差事由</td></tr>
<tr><td rowspan="2">出发日</td><td rowspan="2">到达日</td><td colspan="2">起止地点</td><td rowspan="2">船费</td><td rowspan="2">火车费</td><td rowspan="2">市内交通费</td><td rowspan="2">其他</td><td colspan="2">住宿费</td><td colspan="2">途中补助</td><td colspan="2" rowspan="2">合计</td></tr>
<tr><td>出发地</td><td>到达地</td><td>天数</td><td>金额</td><td>天数</td><td>金额</td></tr>
<tr><td></td><td></td><td></td><td></td><td></td><td></td><td></td><td></td><td></td><td></td><td></td><td></td><td></td><td></td></tr>
<tr><td></td><td></td><td></td><td></td><td></td><td></td><td></td><td></td><td></td><td></td><td></td><td></td><td></td><td></td></tr>
<tr><td></td><td></td><td></td><td></td><td></td><td></td><td></td><td></td><td></td><td></td><td></td><td></td><td></td><td></td></tr>
<tr><td></td><td></td><td></td><td></td><td></td><td></td><td></td><td></td><td></td><td></td><td></td><td></td><td></td><td></td></tr>
<tr><td colspan="2">合计</td><td colspan="12">(大写)</td></tr>
</table>

单位领导：　　　　复核：　　　　审核：　　　　部门负责人：　　　　报销人：

5. 领款单

领款单是本单位职工向单位领取各种非工资性奖金、津贴、补贴、劳务费和其他各种现金款项，其他单位和个人向本单位领取各种劳务费、服务费时填制的作为付款单位现金付款凭据的原始凭证。一般来说，可以由各单位根据自己的需要自行设计、印制，也可到当地商店统一领购。(模板见表2-25)

表2-25

领款单

<table>
<tr><td colspan="2">单位或姓名</td><td colspan="2"></td></tr>
<tr><td colspan="2">领款事由</td><td colspan="2"></td></tr>
<tr><td colspan="3">今领到人民币(大写)</td><td>¥</td></tr>
<tr><td>备注</td><td colspan="3"></td></tr>
</table>

核准：　　　　　　　　出纳：　　　　　　　　领款人：

（二）现金支付业务原始凭证的审核

现金支付业务原始凭证的审核是保证现金出纳资料真实、可靠的主要措施。不论是自制的还是外来的现金支付凭证都必须根据经济业务的内容严格审查，只有审核合格的原始凭证才能作为办理现金支付和登记账簿的依据。现金支付业务的原始凭证的审核包括形式上的审核和实质上的审核。

1. 现金支付业务原始凭证形式上的审核

现金支付业务原始凭证形式上的审核内容有：凭证填写内容是否符合规定的要求；基本内容是否完整；有关经办人员签章是否齐全；书写是否清晰，有无涂改、污损和不合规定的更改；数字计算是否正确，大小写金额是否相符。对不符合要求的原始凭证，属于外来的，应拒绝接受并说明理由，退回原单位；属于自制的，应退回填制部门更正、补填或注销重填。

2. 现金支付业务原始凭证实质上的审核

现金支付业务原始凭证实质上的审核内容有：凭证所反映的经济业务内容是否符合国家的方针、政策、行业法规的规定，即报销的开支是否超标、超计划，是否符合现金管理制度的规定，是否受理印有“不做报销凭证”或“报销无效”戳记的原始凭证。

三、现金支付业务的核算

现金支付业务的核算，是指对现金支付业务的原始凭证审核后填制现金付款凭证，根据审核后的付款凭证逐笔登记现金日记账。下面根据现金流出方向的不同，进行分类核算举例。

（一）差旅费和其他费用的核算

1. 差旅费的核算

单位内部人员因公出差借支差旅费，应当到财务部门填写“借款单”，经所在单位负责人签字并经审核后，出纳予以支付。出差人员回到单位后应及时办理差旅费报销手续，如实填写“差旅费报销单”并对差旅费进行结算。

【例2-7】　6月5日，光华公司采购员张宏出差预借差旅费1 500元，经审核后出纳以现金支付。财务部门应根据“借款单”（表2-26）编制现金付款凭证（表2-27），会计分录如下：

表 2-26

借款单

填表日期:2020 年 06 月 05 日

借款部门	采购部	借款人	张宏	使用部门			
款项类别	现金☑ 转账□ 支票□ 支票号码:						
借款用途及理由	员工借差旅费						
借款金额	(大写)壹仟伍佰元整 ¥1500.00						
还款方式	现金						
借款人	张宏	财务	刘静	副总经理	吴林	总经理	
附件(张)	1	备注					

表 2-27

付款凭证

银付字第 001 号

贷方科目库存现金　　2020 年 05 月 07 日

摘要	总账科目	明细科目	借或贷	千	百	十	万	千	百	十	元	角	分	√
员工借支差旅费	其他应收款	张宏	借						1	5	0	0	0	
合计								¥	1	5	0	0	0	

附单据壹张

会计主管:孙立　记账:　出纳:　复核:　制单:吴静　受款人

借：其他应收款　　　1 500

　　贷：库存现金　　　　1 500

接上例，6 月 8 日该职工出差归来报销差旅费 1 750 元，财务部门以现金补付 250 元。财务部门应根据“差旅费报销单”（表 2–28）编制转账凭证（表 2–29），会计分录如下：

表 2–28

职工差旅费报销单

部门：采购部　　　　　　　　　　　　　　　　　　　　2020 年 06 月 08 日

职别	采购员	姓名	张宏	出差期间	6 月 5 日至 6 月 8 日
出差事由：采购材料					

出发日	到达日	起止地点		船费	火车费	市内交通费	其他	住宿费		途中补助		合计	
		出发地	到达地					天数	金额	天数	金额		
6 月 5 日	6 月 5 日	郑州	上海		1000			3	500	3	250	1750	
合计	壹仟柒佰伍拾元整												

单位领导：　　　复核：吴静　　审核：张琳　　部门负责人：　　报销人：张宏

表 2–29

转 账 凭 证

转字第 001 号

2020 年 06 月 08 日

摘要	总账科目	明细科目	借方金额									贷方金额									√
			百	十	万	千	百	十	元	角	分	百	十	万	千	百	十	元	角	分	
张宏报销差旅费	管理费用	差旅费				1	7	5	0	0	0										
	其他应收款	张宏													1	7	5	0	0	0	
合　计					¥	1	7	5	0	0	0			¥	1	7	5	0	0	0	

会计主管　吴林　　　记账　张静　　　出纳　　　复核　　　制单人

借:管理费用——差旅费　　　1 750

　　贷:其他应收款——张宏　　　1 750

根据该职工填制的“领款单”(表 2-30)编制现金付款凭证(表 2-31),会计分录如下:

表 2-30

领款单

2020 年 06 月 08 日

单位或姓名	采购部张宏
领款事由	报销差旅费
今领到人民币(大写)	贰佰伍拾元整
备注	

核准:吴林　　　出纳:刘静　　　领款人:张宏

表 2-31

付款凭证　　银付字第 002 号

贷方科目库存现金　　2020 年 05 月 07 日

摘要	总账科目	明细科目	借或贷	千	百	十	万	千	百	十	元	角	分	√
报销员工差旅费	其他应收款	张宏	借						2	5	0	0	0	
合计								¥	2	5	0	0	0	

附单据壹张

会计主管:孙立　　记账:　　出纳:　　复核:　　制单:吴静　　受款人

借:其他应收款　　　250

　　贷:库存现金　　　250

2. 其他费用的核算

其他费用包括单位购买办公用品、劳保用品或接受其他单位或个人提供劳务、服务以及支付的修理费等费用，这些费用发生后应根据发生地点和用途分别计入不同的费用账户。发生在车间的，记入“制造费用”账户；发生在行政管理部门，记入“管理费用”账户；发生在专设销售机构的，记入“销售费用”账户。

（二）发放工资的核算

对职工工资的发放应根据工资结算单进行。目前单位工资的发放一般是通过银行直接发放，不通过财务部门以现金支付，但在一些单位仍由财务部门以现金形式发放。在此情况下，工资结算单应填写一式三份：一份留存；一份裁成小条交职工个人核对；一份送财务部门，职工领取工资签名后，作为工资发放的原始凭证。

【例 2-8】　光华公司 5 月 7 日从工商银行提取 10 万元现金备发工资。财务部门应根据现金支票存根（表 2-32）编制银行付款凭证（表 2-33），会计分录如下：

表 2-32

中国工商银行
现金支票存根

支票号码　X113573268

科　　目

对方科目

签发日期　2020 年 5 月 7 日

收款人：郑州光华公司
金额：100,000,00
用途：职工工资
备注：

单位主管：吴林　　　　会计：张静

借：库存现金　　　100 000

　贷：银行存款　　　100 000

接上例，通过现金的形式支付职工工资 10 万元。财务部门应根据“工资单”（表 2-33）编制库存现金付款凭证（表 2-34），会计分录如下：

表 2-33

2020 年 4 月员工工资单

序号	员工姓名	应发工资				应扣款				实发工资	备注
		基本工资	补贴	考核奖励	小计	缺勤	五险一金	个税	小计		
1	张三	6 000.00	800.00	1 000.00	7 800.00	100.00	1 200.00	45.00	1 345.00	6 455.00	
2	李四	6 000.00	800.00	1 000.00	7 800.00	200.00	1 200.00	45.00	1 445.00	6 355.00	
3		⋮									
4											
合计		90 000.00	10 000.00	30 000.00	130 000.00	1 000.00	28 000.00	1 000.00	30 000.00	100 000.00	

表 2-34

付款凭证

银付字第 002 号

贷方科目库存现金　　　　2020 年 03 月 02 日

摘要	总账科目	明细科目	借或贷	千	百	十	万	千	百	十	元	角	分	√
支付职工工资	应付职工薪酬		借			1	0	0	0	0	0	0	0	
合　　计					¥	1	0	0	0	0	0	0	0	

附单据壹张

会计主管:孙立　　记账:　　出纳:　　复核:　　制单:吴静　　受款人:

借:应付职工薪酬　100 000

　贷:库存现金　　　100 000

(三)备用金业务的核算

1. 备用金的领用

单位内部人员需领用备用金时,先到财务部门索取借款单,一般由借款人填写。借款单可采用一式三联凭证:第一联为付款凭证,财务部门作为记账依据;第二联为结算凭证,借款期间由出纳人员留存,报销时作为核对依据,报销后随同报销单据作为记账凭证的附件;第三联交借款人员保存,报销时由出纳人员签字后作为借款结算及时交回借款的收据。借款人按规定的格式内容填写借款日期、借款部门、借款人、借款用途和借款金额等事项，经项目主管经理签字同意，再由财务负责人签字批准后，方可到财务部办理借款手续。出纳人员审核签字后的“借款单”各项内容是否正确和完整，经审核无误后才能办理付款手续。

2. 备用金的报销

备用金报销的处理依企业备用金管理制度的不同而有所区别。备用金管理制度可以分为定额管理和非定额管理两种。

(1)定额管理，是指按用款部门的实际需要核定备用金定额，并按定额拨付现金的管理办法。实行定额备用金制度的部门或工作人员应按核定的定额填写借款凭证，一次性领出全部定额现金，用后凭发票等有关凭证报销，出纳员将报销金额补充至原定额，从而保证该部门或工作人员经常保持核定的现金定额。只有等到撤销定额备用金或调换经办人时才全部收回备用金。

实行定额备用金的单位，其内部各部门或有关工作人员使用备用金购买货物或用于零星开支后，应将所购买的货物交由仓库保管员验收入库，凭验收入库单连同发票到财务部门报销，用于其他开支的凭发票或其他原始凭证到财务部门报销。

有关部门或工作人员报销时，会计人员应编制现金付款凭证，出纳员再依据付款凭证将报销的金额用现金补给报销的部门工作人员。这样报销后有关部门或工作人员手中的现金又达到了核定的限额。

例如，某公司维修部实行定额备用金制度，金额为3 000元。8月21日用现金购买零配件花费2 300元，其备用金只剩下700元，次日到财务部报销，会计编制付款凭证，出纳员补给现金2 300元，这样维修部的备用金又达到了3 000元。会计分录为：

借：管理费用　　　　2 300

　　贷：库存现金　　　　2 300

如果8月21日维修部购买零配件实际支付了3 500元，由经办人员垫付现金500元，则8月22日报销时出纳员应付给的现金就是3 500元，维修部备用金在支付给经办人员垫付款500元后又恢复到3 000元。

(2)非定额管理，是指用款部门根据实际需要向财会部门领款的管理办法。单位对非经常使用备用金的内部各部门或工作人员，根据每次业务所需备用金的数额填制借款凭证，向出纳员预借现金，使用后凭发票等原始凭证一次性到财务部门报销，多退少补，一次结清，下次再用时重新办理领借手续。

报销时财务部门编制转账凭证，其借方科目与定额备用金报销时相同，其贷方科目则为“其他应收款”科目。对于实际支出额小于预借金额的应编制现金收款凭证，收回多借的现金：对于实际支出额大于预借金额的，编制现金付款凭证，补给经办人员垫付的款项。

【例2-9】　光华公司对行政部门采用非定额备用金制度，6月1日行政部为购买办公用品预借备用金2 000元，预借时财务部门根据借款单(表2-35)编制现金付款凭证

(表 2-36),会计分录为:

表 2-35

借款单

填表日期:2020 年 06 月 01 日

借款部门	行政	借款人	李静	使用部门			
款项类别	现金☑ 转账☐ 支票☐ 支票号码:						
借款用途及理由	预借备用金用于购买办公用品						
借款金额	(大写)贰仟元整 ¥2000.00						
还款方式	现金						
借款人	张倩	财务	刘静	副总经理	吴林	总经理	
附件(张)	1	备注					

表 2-36

付款凭证

现付字第 003 号

贷方科目库存现金　　2020 年 06 月 01 日

摘要	总账科目	明细科目	借或贷	千	百	十	万	千	百	十	元	角	分	√
行政部门预借备用金	其他应收款	备用金	借					2	0	0	0	0	0	
合　　计							¥	2	0	0	0	0	0	

附单据壹张

会计主管:孙立　记账:　出纳:　复核:　制单:吴静　受款人:

借:其他应收款——备用金(行政科)　　2 000

　　贷:库存现金　　　　　　　　　　2 000

6 月 2 日行政部购买办公用品花费 1 760 元后凭普通发票(表 2-37)和费用报销单(表 2-38)到财务部门报销,交回多余现金 240 元,财务部门根据票据编制记账凭证(表 2-39),会计分录如下:

表 2-37

041001900107　河南增值税普通发票　　NO 17125725

校验码　　此联不做报销、扣税凭证使用　　开票日期:2020年06月01日

购买方	名　称:郑州光华公司 纳税人识别号: 地 址、电 话: 开户行及账号:	密码区	94+-1 〈*071+〉/94-791-77/047 795416*1* 〈402 〈65782〉 1 〈651 〈+ 88452〉 〈/972/〉 517〉/55/681-〉 4 〉0832-+416*1* 〈402 〈657829842

货物或应税劳务名称	规格型号	单位	数量	单价	金额	税率	税额
办公用品	打印纸	包	50	34	1700	0%	0
办公用品	笔	只	60	1	60	0%	0
合　计					¥1760		0
价税合计(大写)	壹仟柒佰陆拾元整				(小写)¥1760		

销货方	名　称:郑州星光文具用品公司 纳税人识别号:91411200176589XXX 地 址、电 话:河南省郑州市文创路 开户行及账号:西峡县工商银行工业大道支行	备注	郑州星光文具用品公司 91410104712745xxxx 发票专用章

第一联:

收款人:刘康　　复核:薛永红　　开票人:张雪丽　　销货单位:(章)

表 2-38

费用报销单

2020 年 06 月 02 日

报销部门	行政部门	报销人	李静
收款方名称	郑州星光文具用品公司	开户银行	
银行账号			
支付方式	☑现金　☑转账　☐电汇　☐冲账　☐其他		
本次费用支付明细			
费用名称	用途		金额
办公费	办公用品		1760
合计金额(大写):壹仟柒佰陆拾元整			¥:1 760
部门负责人:	总经理:	会计审核:张倩	出纳:

表 2-39

记 账 凭 证

2020 年 06 月 08 日　　　　＿＿＿字＿001＿号

摘 要	总账科目	明细科目	√	借方金额									贷方金额								
				百	十	万	千	百	十	元	角	分	百	十	万	千	百	十	元	角	分
员工退回购买文具多余现金	管理费用						1	7	6	0	0	0									
	库存现金							2	4	0	0	0									
	其他应收款	备用金														2	0	0	0	0	0
合计　（附件 2 张）						¥	2	0	0	0	0	0			¥	2	0	0	0	0	0

会计主管　吴林　　记账　张静　　出纳　　复核　　制单人

借：管理费用　　1 760

　　库存现金　　240

　　贷：其他应收款-备用金（行政科）　　2 000

如果行政部 6 月 1 日实际购买办公用品 2 370 元，自己垫付了 370 元，持增值税普通发票（表 2-40）和费用报销单（表 2-41）进行报销。则财务部门编制记账凭证一张（表 2-42），出纳员退还行政部经办人员其垫付的现金 370 元。分录如下：

表 2-40

041001900107　**河南增值税普通发票**　NO 17125725

校验码　　此联不做报销、扣税凭证使用　　开票日期：2020年06月01日

购买方	名　称：郑州光华公司 纳税人识别号： 地 址、电 话： 开户行及账号：	密码区	94+-1 〈*071+〉/94-791-77/047 795416*1*〈402〈65782〉1〈651〈+ 88452〉〈/972/〉517〉/55/681-〉4 〉0832-+416*1*〈402〈657829842

货物或应税劳务名称	规格型号	单位	数量	单价	金额	税率	税额
办公用品	打印纸	包	60	34	2040	0%	0
办公用品	笔	只	330	1	330	0%	0
合　计					¥2370		0
价税合计（大写）	贰仟叁佰柒拾元整			（小写）¥2370			

销货方	名　称：郑州星光文具用品公司 纳税人识别号：91411200176589XXX 地 址、电 话：河南省郑州市文创路 开户行及账号：西峡县工商银行工业大道支行	备注	郑州星光文具用品公司 91410104712745xxxx 发票专用章

收款人：刘康　　复核：薛永红　　开票人：张雪丽　　销货单位：（章）

第一联：

表 2-41

费用报销单

2020 年 06 月 01 日

报销部门	行政部门	报销人	李静
收款方名称	郑州星光文具用品公司	开户银行	
银行账号			
支付方式	☑现金　☐转账　☐电汇　☐冲账　☐其他		
本次费用支付明细			
费用名称	用途	金额	
办公费	办公用品	2370	
合计金额(大写):贰仟叁佰柒拾元整		¥:2 370	
部门负责人:	总经理:	会计审核:张倩	出纳:

表 2-42

记账凭证

2020 年 06 月 01 日　　　　______字 002 号

摘 要	总账科目	明细科目	√	借方金额									贷方金额								
				百	十	万	千	百	十	元	角	分	百	十	万	千	百	十	元	角	分
支付员工垫付的购买文具款项	管理费用						2	3	7	0	0	0									
	库存现金																3	7	0	0	0
	其他应收款	备用金														2	0	0	0	0	0
合计　　(附件　张)						¥	2	3	7	0	0	0			¥	2	3	7	0	0	0

会计主管　吴林　　　记账　张静　　　出纳　　　复核　　　制单人

借:管理费用　　　　2 370
　贷:库存现金　　　　370
　　其他应收款——备用金(行政科)　　2 000

(四)其他现金支付业务的核算

单位还会发生不属于上述支付范围的现金支付业务,包括向其他单位支付现金押金业务、为本单位职工代垫或代付有关款项的业务、职工生活困难补助的支付以及其他结算起点以下需利用现金结算的款项。发生这些支出应该借记"应付职工薪酬""其他应收款"等账户,贷记"库存现金"账户。

任务四　现金日记账与库存现金的清查

一、现金日记账的设置和登记

现金日记账是用来登记库存现金每天的收入、支出和结存情况的账簿。它是由单位出纳人员根据审核无误的现金收、付款凭证和从银行提现的银行存款付款凭证逐笔进行登记的。只有及时登记现金日记账,真正做到日清月结,才能保证现金的安全、完整,从而加强对现金的管理和监督,更合理地组织和使用现金,提高现金利用效率,同时为单位有关方面提供准确的信息。

(一)现金日记账的设置

现金日记账是用来登记库存现金每天的收入、支出和结存情况的账簿。企业应按币种设置现金日记账进行明细分类核算。现金日记账的格式一般有"三栏式"和"多栏式"两种。三栏式是指在同一张账页上设置"借方""贷方""余额"三栏,分别反映现金收入、支出和结存情况。三栏式现金日记账见表2-43。

表 2-43

现 金 日 记 账

年		凭证编号	摘　要	对应科目	借方									√	贷方									√	余额								
月	日				百	十	万	千	百	十	元	角	分		百	十	万	千	百	十	元	角	分		百	十	万	千	百	十	元	角	分

多栏式现金日记账是指在同一张账页上对收入栏和支出栏按现金的对应科目设置专栏，以反映现金收入的来源和支出的用途。多栏式现金日记账见表 2-44 所示。

表 2-44

多栏式现金（银行存款）日记账

××年		凭证号	摘要	收　入					支　出					余额
				对应账户贷方				借方合计	对应账户借方				贷方合计	
月	日			预收账款	短期借款	产品销售收入			原材料	管理费用	应付账款			

在实际工作中大多采用的是“三栏式”账页格式。现金日记账必须采用订本式账簿，账页要按顺序编号，不得随意抽换或增添，也不得随意涂改，以保持账页页数完整，账页表面清楚、明晰，序时记录系统、完整，防止不法分子从中舞弊。

（二）现金日记账的登记

现金日记账通常由出纳人员根据审核后的现金收、付款凭证，逐日、逐笔按顺序登记。登记现金日记账总的要求是：分工明确，专人负责，凭证齐全，内容完整，登记及时，账款相符，数字真实，表达准确，书写工整，摘要清楚，便于查阅，不重记、不漏记、不错记，按期结账，不拖延积压，按规定方法更正错账，等等。具体要求如下：

（1）根据复核无误的收、付款记账凭证记账。现金出纳人员在办理收付款时，应当对收款凭证和付款凭证进行仔细的复核，并以经过复核无误的收、付款记账凭证和其所附原始凭证作为登记现金日记账的依据。如果原始凭证上注明“代记账凭证”字样，经有关人员签章后，也可作为记账的依据。

（2）所记载的内容必须同会计凭证相一致，不得随便增减。每一笔账都要记明记账凭证的日期、编号、摘要、金额和对应科目等。经济业务的摘要不能过于简略，应能够清楚地表述业务内容，便于事后核对。日记账应逐笔分行记录，不得将收款凭证和付款凭证合并登记，也不得将收款、付款相抵后以差额登记。登记完毕，应当逐项复核，复核无误后在记账凭证上的“账页”一栏内做出“过账”符号“√”，表示已经登记入账。

（3）逐笔、序时登记日记账，做到日清月结。为了及时掌握现金收付和结余情况，现金日记账必须当日账务当日记录，并于当日结出余额；有些现金收付业务频繁的单位，还应随时结出余额，以掌握收支计划的执行情况。

（4）必须连续登记，不得跳行、隔页，不得随便更换账页和撕去账页。现金日记账采用订本式账簿，其账页不得以任何理由撕去，作废的账页也应留在账簿中。在一个会计年度内，账簿尚未用完时，不得以任何借口更换账簿或重抄账页。记账时必须按页次、行次、位次顺序登记，不得跳行或隔页登记。如不慎发生跳行、隔页时，应在空页或空行中间画线加以注销，或注明“此行空白”“此页空白”字样，并由记账人员盖章，以示负责。

（5）文字和数字必须整洁清晰，准确无误。在登记书写时，不要滥造简化字，不得使用同音异义字；摘要文字紧靠左线；数字要写在金额栏内，不得越格错位、参差不齐；文字、数字字体大小适中，紧靠下线书写，上面要留有适当空距，一般应占格宽的1/2，以备按规定的方法改错。记录金额时，如为没有角、分的整数，应分别在角、分栏内写上“0”，不得省略不写，或以“—”号代替。阿拉伯数字一般可自左向右适当倾斜，以使账簿记录整齐、清晰。为防止字迹模糊，墨迹未干时不要翻动账页；夏天记账时，可在手臂下垫一块软质布或纸板等书写，以防汗浸。

（6）使用蓝、黑色水笔，不得使用圆珠笔（银行复写账簿除外）或铅笔书写。但按照红字冲账凭证冲销错误记录及会计制度中规定用红字登记的业务可以用红色水笔记账。

（7）每一账页记完后，必须按规定转页。为便于计算和了解日记账中连续记录的累计数额，并使前后账页的合计数据相互衔接，在每一账页登记完毕结转下页时，应结出本页发生额合计数及余额，写在本页最后一行和下页第一行的有关栏内，并在摘要栏注明“过次页”和“承前页”字样，也可以在本页最后一行用铅笔字结出发生额合计数和余额，核对无误后，用蓝、黑色水笔在下页第一行写出上页的发生额合计数及余额，在摘要栏内写上“承前页”字样，不再在本页最后一行写“过次页”的发生额和余额。

(8)现金日记账必须逐日结出余额，每月月末必须按规定结账。现金日记账不得出现贷方余额(或红字余额)。

(9)记录发生错误时，必须按规定方法更正。为了提供在法律上有证明效力的核算资料，保证日记账的合法性，账簿记录不得随意涂改，严禁刮、擦、挖、补或使用化学药物清除字迹。发现差错必须根据差错的具体情况采用画线更正、红字更正、补充登记等方法更正。

二、现金的清查

(一)现金清查的内容

现金清查是指对库存现金的盘点与核对，包括出纳人员每日终了进行的现金账款核对和清查小组定期或不定期的清查与核对。现金盘点制度保证了企业现金的账款相符，确保了库存现金的安全、完整。

现金的清查主要是采用实地盘点方法，内容有出纳人员的每日清点核对、账款核对和清查小组定期或不定期的清查与核对。现金清查结束后，应根据清查的结果与现金日记账核对的情况填制“库存现金盘点表”。“库存现金盘点表”应由清查人员和出纳员共同签章方能生效。

(二)现金清查结果的处理

根据《企业会计制度》的规定，每日终了结算现金收支、财产清查等发现的有待查明原因的现金短缺或溢余，应通过“待处理财产损益——待处理流动资产损益”账户核算。属于现金短缺，应该按照实际短缺的金额借记“待处理财产损益——待处理流动资产损益”账户，贷记“库存现金”；属于现金溢余，按照实际溢余的金额，应借记“库存现金”，贷记“待处理财产损益——待处理流动资产损益”账户。待查明原因后，对发生现金短缺的处理是：如属于应由责任人赔偿的部分，借记“其他应收款——××”；属于应由保险公司赔偿的部分，借记“其他应收款——××保险公司”；属于无法查明的其他原因，根据管理权限，经过批准后，借记“管理费用”。对发生现金溢余的处理是：如属于应支付给有关人员或单位的，贷记“其他应付款——××个人或单位”；属于无法查明的其他原因的现金溢余，经过批准后，贷记“营业外收入”。

【例 2-10】　6 月 30 日，光华公司进行现金盘点(表 2-45)，发现短款 78 元，原因待查，编制现金付款凭证(表 2-46)，分录如下：

表 2-45

现金盘点报告表

单位名称：　　　　　　2020 年 06 月 30 日

实存金额	实存账存对比		注
	盘盈	盘亏	
800		78	
分析原因：无法查明原因	审批意见：批准结账		

盘点人签章：李贝　　出纳签章：吴洁

表 2-46

付款凭证

现付字第 004 号

贷方科目库存现金　　　　2020 年 06 月 30 日

摘要	对方科目		借或贷	金额										√
	总账科目	明细科目		千	百	十	万	千	百	十	元	角	分	
现金盘亏	待处理财产损益		借							7	8	0	0	
合计									¥	7	8	0	0	

附单据壹张

会计主管：孙立　　记账：　　出纳：　　复核：　　制单：

借：待处理财产损益——待处理流动资产损益　78

　贷：库存现金　　　　　　　　　　　　　　78

经查，属于无法查明的原因，经批准后结转，编制转账凭证（表 2-47），会计分录如下：

表 2–47

转 账 凭 证

转字第 002 号

2020 年 06 月 30 日

摘 要	总账科目	明细科目	借方金额									贷方金额									√
			百	十	万	千	百	十	元	角	分	百	十	万	千	百	十	元	角	分	
现金盘亏期末结转	管理费用							7	8	0	0										
	待处理财产损益																7	8	0	0	
合　　计							¥	7	8	0	0				¥	7	8	0	0	0	

会计主管　吴林　　记账　张静　　出纳　　复核　　制单人

借:管理费用　　78

　　贷:待处理财产损益——待处理流动资产损益　　78

【例 2–11】 6 月 30 日,光华公司盘点发现现金库存余额大于账面余额 154 元,原因待查,编制现金盘点表(表 2–48),编制现金收款凭证(表 2–49),分录如下:

表 2–48

现金盘点报告表

单位名称:　　2020 年 06 月 30 日

实存金额	实存账存对比		注
	盘盈	盘亏	
800	154		
分析原因:应支付给职工林语的款项　　审批意见:批准支付			

盘点人签章:李贝　　出纳签章:吴洁

表 2-49

收款凭证

现收 字第 006 号

借方科目 库存现金　　2020 年 06 月 30 日

摘要	对方科目		借或贷	金额										√
	总账科目	明细科目		千	百	十	万	千	百	十	元	角	分	
现金盘盈	待处理财产损益		贷						1	5	4	0	0	
合　计								¥	1	5	4	0	0	

附单据壹张

会计主管:孙立　记账:　出纳:　复核:　制单:吴静　受款人:

借:库存现金　154

　贷:待处理财产损溢——待处理流动资产损益　154

经查,属于少付给职工林语的款项,编制转账凭证(表 2-50),会计分录如下:

表 2-50

转账凭证

转字第 001 号

2020 年 06 月 30 日

摘要	总账科目	明细科目	借方金额									贷方金额									√
			百	十	万	千	百	十	元	角	分	百	十	万	千	百	十	元	角	分	
现金盘亏期末结转	待处理财产损溢						1	5	4	0	0										
	其他应付款	林语														1	5	4	0	0	
合　计						¥	1	5	4	0	0				¥	1	5	4	0	0	

会计主管　吴林　记账　张静　出纳　复核　制单人

借:待处理财产损益——待处理流动资产损益　154

　贷:其他应付款——林语　154

【复习思考题】

1. 什么叫现金和现金管理？现金管理的原则有哪些？
2. 根据现金管理制度的规定,哪些情况下可以使用现金？
3. 什么叫库存现金限额？库存现金限额是怎样确定的？
4. 现金收款业务的流程是怎样的？
5. 现金付款业务的流程是怎样的？
6. 什么叫现金日记账？现金日记账是如何设置和登记的？
8. 现金清查采用什么方法？现金清查结果是怎样进行处理的？

项目三 银行存款业务及结算实务(一)

课前导读

【学习内容】 本项目主要介绍了银行存款账户的开立、使用、管理以及部分转账结算方式的应用。

【学习目标】 通过对本项目的学习,了解银行存款管理的基本知识;熟悉银行存款账户的开立、使用等规定;掌握部分结算方式的使用方法。

任务一 出纳岗位的银行存款业务

一、银行账户的使用和管理

银行存款,是指存款人存放在银行或其他金融机构的货币资金。它是现代社会经济交往中的一种主要资金结算工具。

根据国家有关规定,凡是独立核算的单位都必须在当地银行开设账户。企业在银行开设账户后,除按银行规定的企业库存现金限额保留一定的库存现金外,超过限额的现金都必须存入银行。企业经济活动所发生的一切货币收支业务,除按国家《现金管理暂行条例》中规定的可以使用现金直接支付的款项外,其他都必须按银行支付结算办法的规定,通过银行账户进行转账结算。因此,保证银行存款及票证的安全是出纳的重要职责。

(一)银行账户的基本含义

银行账户主要是指各单位在银行开立的存款账户和贷款账户。银行账户是各单位通过银行办理转账结算、信贷以及现金收付业务的工具,它具有反映和监督国民经济各部门经济活动的作用。凡新办的企业或公司在取得工商行政管理部门颁发的法人营业执照后,可选择离办公场地近,办事工作效率高的银行申请开设自己的结算账户。对于非现金使用范围的开支,都要通过银行账户办理。

(二)银行账户的基本类型

银行结算账户按存款人不同,分为单位银行结算账户和个人银行结算账户。存款人以单位名称开立的银行账户为单位银行结算账户。单位银行结算账户按用途不同,分为基本存款账户、一般存款账户、专用存款账户和临时存款账户。

1. 基本存款账户

基本存款账户是存款人办理日常转账结算和现金收付的账户。按规定每一存款人只能在银行开立一个基本存款账户。存款人的工资、奖金等现金的支取只能通过本账户办理。

2. 一般存款账户

一般存款账户是用于办理存款人借款转存、借款归还和其他结算资金收付的账户。该账户没有数量限制,可以办理转账结算和现金缴存,但是不能办理现金支取。

3. 专用存款账户

专用存款账户是企业因特定用途而开立的账户。该类账户主要用于办理各项专用资金的收付,支取现金应按照有关具体规定办理。

4. 临时存款账户

临时存款账户是企业因临时经营活动需要而开立的账户,用于临时机构及临时经营活动发生的资金收付。此类账户可以办理转账和根据国家现金管理的规定办理现金收付。临时存款账户实行有效管理期,有效期限最长不得超过两年。

(三)银行账户开户程序

1. 准备相关证明材料

不同银行结算账户,开户需要提交银行审批的证件和资料各不相同,企业需要根据申请银行结算账户的种类,准备各项资料,具体见表3-1。

表3-1　银行结算账户种类及资料

账户种类	资料
基本存款户	(1)企业营业执照(正本)或登记证书、批文原件和三份复印件 (2)法人代表身证原件和三份复印件 (3)单位行政公章、财务专用章、法人代表或财务负责人印章(银行预留印鉴用)
一般存款账户	(1)开立基本存款账户需提供的材料 (2)基本存款账户开户许可证 (3)因借款需要而开立的,应出具借款合同

续表 3-1

账户种类	资料
专用存款账户	(1)开立基本存款账户需提供的材料 (2)基本存款账户开户许可证 (3)专项资金管理的批文或证明文件
临时存款账户	(1)临时机构:驻地主管部门同意设立临时机构的批文 (2)异地建筑施工及安装单位:营业执照(正本)基本存款账户开户许可证、施工及安装地建设主管部门核发的许可证或建筑施工及安装合同 (3)异地临时经营单位:营业执照(正本)基本存款账户开户许可证、临时经营地工商行政管理部门的批文 (4)注册验资:工商行政管理部门核发的企业名称预先核准通知书或有关部门的批文

2. 填写单位开户申请表

各单位要在银行开立账户,必须向开户银行提出申请,填写“单位开户申请表”。填写完毕后,要加盖本单位公章,然后提交相关的开户证明文件和印鉴卡片,经开户银行审查合格后,完成开户手续,即可办理相关的业务。

(四)账户使用规定

1. 认真贯彻执行国家的政策、法令,遵守银行信贷结算和现金管理的有关规定。银行检查时,开户单位应提供账户使用情况的有关资料。

2. 各单位在银行开立的账户,只供本单位经营业务范围内的资金收付,不得出租、出借或转让给其他单位或个人使用。

3. 各种收付款凭证,必须如实填写款项来源或用途,不得巧立名目,弄虚作假,套取现金,套购物资,严禁利用账户从事非法活动。

4. 各单位在银行的账户必须有足够的资金保证支付,不准签发空头或远期支票,不得骗取银行信用开具虚假付款凭证。

5. 正确、及时记载和银行的往来账务,并定期核对。发现不符,应及时与银行联系,查对清楚。

6. 若单位出租和转让账户,除依法责令其纠正外,还要按规定对该行为发生的金额处以5%但不低于1 000元的罚款,并没收出租的非法所得。

7. 若单位违反了开立基本账户的规定,首先要被责令期限内撤销该账户,其次还要被处以5 000~10 000元的罚款。

(五)企业账户变更与撤销的基本程序

1. 账户变更的基本程序

(1)账户名称的变更。开户单位由于种种原因需变更账户名称,应向银行交验上级主管部门批准的正式函件,企业单位和个体工商户向银行交验工商行政管理部门登记的新执照,经银行调查属实后,根据不同情况变更账户名称或撤销原账户并开立新账户。

(2)账户号码的变更。账户号码的变更大多数情况是开户银行本身的管理原因造成的,一般会给一个新旧账户同时有效的过渡期,出纳人员在接到银行变更账号的通知后,应当及时将新号码通知有关客户,以避免不必要的麻烦。

(3)预留印鉴的更换。若开户单位由于人事变动等原因,要更换单位财务专用章、财务主管印鉴或出纳人员印鉴的,只需填写"更换印鉴申请书",出具有关证明,在银行审查同意后,重新填写印鉴卡片,并注销原预留的印鉴卡片。

更换银行印鉴所需提供的资料:

1)法定代表人,名章所属人和经办人身份证原件、复印件。

2)旧印鉴卡片。

3)变更印鉴申请书。

4)企业名称或法人变更的,还要提供工商局变更通知书原件、复印件(营业执照也要变更)。

5)营业执照正本原件、复印件。

6)组织机构代码证正本原件、复印件。

7)税务登记证正本原件、复印件。

8)开户许可证原件、复印件。

9)法人授权委托书。

10)公章、财务专用章、法人名章。

(4)账户的迁移。开户单位的办公地点或经营场所发生搬迁时,应到银行办理迁移账户手续。如在同城,由迁出行出具证明,迁入行凭此开立新账户;如搬迁他城,应重新按规定办理开户手续。在搬迁过程中,可允许暂时保留原账户,但在搬迁结束,单位已在当地恢复生产经营时,原账户应在一个月内撤销。

2. 账户的合并、撤销

(1)单位申请合并、撤销账户,经同开户银行核对存(贷)款账户余额全部无误后,办理销户手续,同时交回各种空白重要凭证。销户后由于未交回空白重要凭证产生的一切责任,由注销单位全部承担。

(2)各单位在银行的账户连续一年没有发生收、付款活动,银行认为无继续存在的必要时,即通知单位在一个月内,向银行办理销户手续,逾期未办,视同自愿销户。余数未取者,银行在年终时做收益处理。

(六)网上银行

1. 企业网上银行的服务内容

(1)查询:查询账户信息、查询交易明细、查询账户余额、查询电子回单。

(2)制单:企业可以利用网银进行票据结算。

(3)代发代扣:工资代发或是水电费的代扣。

(4)网上支付:进行同行以及跨行支付。

(5)国际结算:外币业务、跨国公司之间的结算。

(6)电子对账:银行存款对账单。

(7)事务通知:如要更换支票等银行信息。

2. 网上银行的申请流程

(1)申请办理。持单位介绍信、营业执照副本及复印件向银行申请,并签订《网上银行企业客户服务协议》,并书面填写《网上银行企业客户申请表》。

(2)办理签约登记手续。银行对上述资料审核,取得客户识别号,到开户柜台办理签约登记手续,并填写《网上银行企业客户登记表》。

(3)客户端证书下载(U 盾)。申请成功后,银行网站下载客户端后,插 U 盾,输入账号、密码,即可使用。

(七)银行借款业务

1. 银行借款的定义

银行借款是指企业向银行或其他非银行金融机构借入的需要还本付息的款项,是企业筹集资金的主要渠道,具有筹资速度快、筹资弹性大、资本成本较低等优点。企业向银行申请借款时,应根据实际需要,合理地选择相应的借款种类、借款方式,同时应当按银行规定的程序严格办理有关手续。

2. 银行借款种类

银行借款主要用于构建固定资产和满足流动资金周转的需要,按照不同的标准可以分为不同的种类。

(1)按借款性质不同划分

1)自营借款。指贷款人(系在中国境内依法设立的经营贷款业务的中资金融机构)以合法方式筹集资金自主发放的贷款,其风险由贷款人承担,并由贷款人收回本金和利息。自营贷款一般不得超过 10 年;超过 10 年的,应当报中国人民银行备案。

2)委托借款。指由政府部门、企事业单位及个人等委托人提供资金,由贷款人(即受托人)根据委托人确定的贷款对象、用途、金额、期限、利率等代为发放、监督使用并协助收回的贷款。贷款人(即受托人)只收取手续费,不承担贷款风险。

3)特定借款。指经国务院批准并对贷款可能造成的损失采取相应的补救措施后责成国有独资商业银行发放的贷款。

(2)按借款的期限不同划分

1)短期借款。指借款期限在 1 年以内(含 1 年)的各种借款。

2)中期借款。指借款期限在 1 年以上(不含 1 年),5 年以下(含 5 年)的各种借款。

3)长期借款。指借款期限在 5 年(不含 5 年)以上的各种借款。

(3) 按借款是否提供担保划分

1)信用借款。指以借款人(系指从经营贷款业务的中资金融机构取得贷款的法人、其他经济组织、个体工商户和自然人)的信誉发放的贷款。

2)担保借款。指借款人以提供一定的担保所申请的贷款,包括保证贷款、抵押贷款、质押贷款。根据《中华人民共和国担保法》的规定:保证贷款是第三人承诺在借款人不能偿还贷款时,按约定承担一般保证责任或者连带保证责任而发放的贷款;抵押贷款是指以借款人或第三人的财产作为抵押物发放的贷款;质押贷款是以借款人或第三人的动产或权利作为质物发放的贷款。

3)票据贴现。贷款人以购买借款人未到期的商业票据的方式而取得的借款。票据贴现期最长不得超过六个月,贴现期限为从贴现之日起到票据到期之日止。

3. 银行借款申办的条件及要求

根据中国人民银行《贷款通则》的规定,借款人应当是经工商行政管理机关(或主管机关)核准登记的企(事)业法人、其他经济组织、个体工商户或具有中华人民共和国国籍的具有完全民事行为能力的自然人。借款人申请贷款,应当具备产品有市场、生产经营有效益、不挤占挪用信贷资金、恪守信用等基本条件,并且应当符合以下要求:

(1)有按期还本付息的能力,原应付贷款利息和到期贷款已清偿;没有清偿的,已经做了贷款人认可的偿还计划。

(2)除自然人和不需要经工商部门核准登记的事业法人外,应当经过工商部门办理年检手续。

(3)已开立基本账户或一般存款账户。

(4)除国务院规定外,有限责任公司和股份有限公司对外股本权益性投资累计额未超过其净资产总额的50%。

(5)借款人的资产负债率符合贷款人的要求。

(6)申请中、长期贷款的新建项目的企业法人,所有者权益与项目所需总投资的比例不低于国家规定的投资项目的资本金比例。

(八)银行结算纪律

银行结算纪律是指通过银行办理转账结算的单位或个人以及银行在办理具体结算过程中,应当遵守的行为规范。

根据《支付结算办法》及有关规定,单位和个人必须遵守的结算纪律可以归纳为“四不准”:

第一,不准套取银行信用,签发空头支票、印章与预留印鉴不符支票和远期支票。

第二,不准无理拒付,任意占用他人资金。

第三,不准利用多头开户转移资金、逃避债务。

第四,不准违反规定开立和使用账户。

这“四不准”要求单位和个人只准在银行账户余额内按照规定向收款单位和个人支付款项;对应该支付其他单位的款项必须依约履行支付义务;遵守国家有关账户管理的规定,严守信用,信守合同等。

银行应该遵守的结算纪律:

银行是办理结算的主体,是维护结算秩序的重要环节,银行必须严格按照结算制度办理结算。银行应该遵守的结算纪律主要包括以下“八不准”：

第一，不准以任何理由压票，任意退票、截留挪用用户和他行资金、受理无理拒付、不扣少扣滞纳金。

第二，不准在结算制度之外规定附加条件，影响汇路畅通。

第三，不准违反规定开立账户。

第四，不准拒绝受理、代理他行正常结算业务。

第五，不准放弃对企业单位反结算纪律的制裁。

第六，不准违章承兑、贴现商业汇票和逃避承兑责任，拒绝支付已承兑的商业汇款。

第七，不准超额占用联行汇差资金、转嫁资金矛盾。

第八，不准逃避向人民银行转汇大额汇划款项和清算大额银行汇票资金。

银行除了严格遵守上述纪律之外，为了保证结算质量，还必须严格遵守规定的办理结算的时间标准。根据《关于加强银行结算工作的决定》，向外发出的结算凭证，必须于当天至次日寄发；收到的结算凭证，必须及时将款项支付给收款人。结算的时间，同城一般不超过 2 天；异地全国或者省内直接通汇行之间，电汇一般不超过 4 天，信汇一般不超过 7 天。

二、银行存款收付业务的核算

（一）银行存款收款业务及其处理程序

1. 银行存款收款业务

银行存款收款业务是指各单位在其生产经营和非生产经营活动中取得银行存款的业务，包括因销售商品、提供劳务、让渡资产使用权和所有权、接受投资、接受捐赠、税费返还、罚款收入、预收款项以及其他业务等而增加的银行存款。

2. 出纳人员办理银行存款收款业务的基本处理程序

（1）复核银行存款收款所涉及的原始凭证，包括复核其业务内容是否真实、准确、完整，收入是否合理、合法，手续是否齐备。

（2）填制“进账单”，与原始凭证一起送交银行办理转账。

（3）根据银行存款收账通知单，编制银行存款收款凭证。

（4）复核银行存款收款凭证。

（5）根据审核无误的银行存款收款凭证登记银行存款日记账。

（二）银行存款付款业务及其处理程序

1. 银行存款付款业务

银行存款付款业务是指各单位在其生产经营和非生产经营活动中通过企业存款账户办理付款的业务，包括因购买商品、接受劳务、对外投资、对外捐赠、支付税费、预付货款等业务而减少的银行存款。

2. 出纳人员办理银行存款付款业务的基本处理程序

（1）复核付款原始凭证的合法性、真实性、准确性以及是否有授权人的批准。

(2)填写支票及结算凭证，到银行办理转账或结算手续。

(3)根据原始凭证编制银行存款付款凭证。

(4)复核银行存款付款凭证。

(5)根据审核无误的银行存款付款凭证登记银行存款日记账。

(三)银行存款收款和付款基本业务的主要原始凭证

各单位发生的银行存款收、付款业务应根据款项的性质开具或取得相应的原始凭证。由于各单位性质不同，从事的经济业务的性质也不同，因此在具体办理银行存款收、付款业务时，其原始凭证的种类也不同。一般来说，涉及银行存款收、付款业务的原始凭证主要有以下几种：

1. 发票

发票按照使用单位不同分为普通发票和增值税专用发票。

(1)普通发票。此前在项目二任务二现金收入业务核算实务中已介绍。

(2)增值税专用发票。增值税专用发票一般为一式三联，第一联为记账联，第二联为抵扣联，第三联为发票联，详情参见项目二现金收入业务核算实务。

2. 银行进账单

银行进账单是持票人或收款人将票据款项存入收款人在银行账户的凭证，也是银行将票据款项记入收款人账户的凭证。

银行进账单一式三联，第一联回单联(表 3-2)；第二联贷方凭证联(表 3-3)；第三联收账通知(表 3-4)。

持票人填写银行进账单时，必须清楚地填写票据种类、票据张数、收款人名称、收款人开户银行及账号、付款人名称、付款人开户银行及账号、票据金额等栏目，并连同相关票据一并交给银行经办人员。

表 3-2

中国工商银行　进账单　(回　单)　　1

年　　月　　日

<table>
<tr><td rowspan="3">出票人</td><td>全　称</td><td colspan="3"></td><td rowspan="3">收款人</td><td>全　称</td><td colspan="11"></td><td rowspan="7">此联是受理行交给持出票人的回单</td></tr>
<tr><td>账　号</td><td colspan="3"></td><td>账　号</td><td colspan="11"></td></tr>
<tr><td>开户银行</td><td colspan="3"></td><td>开户银行</td><td colspan="11"></td></tr>
<tr><td colspan="7" rowspan="2">人民币
(大写)</td><td>亿</td><td>千</td><td>百</td><td>十</td><td>万</td><td>千</td><td>百</td><td>十</td><td>元</td><td>角</td><td>分</td></tr>
<tr><td></td><td></td><td></td><td></td><td></td><td></td><td></td><td></td><td></td><td></td><td></td></tr>
<tr><td colspan="2">票据种类</td><td></td><td>票据张数</td><td></td><td colspan="13" rowspan="2"></td></tr>
<tr><td colspan="2">票据号码</td><td colspan="3"></td></tr>
<tr><td colspan="5">复核　　记账</td><td colspan="13">开户银行盖章</td><td></td></tr>
</table>

表 3-3

中国工商银行　进账单　（贷方凭证）　　2

年　　月　　日

出票人	全　称		收款人	全　称	
	账　号			账　号	
	开户银行			开户银行	

人民币（大写）	亿	千	百	十	万	千	百	十	元	角	分

票据种类		票据张数		
票据号码				
				复核　　记账

此联由收款人开户银行作贷方凭证

表 3-4

中国工商银行　进账单　（收账通知）　　3

年　　月　　日

出票人	全　称		收款人	全　称	
	账　号			账　号	
	开户银行			开户银行	

人民币（大写）	亿	千	百	十	万	千	百	十	元	角	分

票据种类		票据张数		
票据号码				
复核　　记账				收款人开户银行盖章

此联是收款人的开户银行交给收款人的收款通知

3. 贷款收账通知单

贷款收账通知单是指单位从银行取得贷款时，银行出具的贷款已划入贷款人账户的通知单，单位据以反映存款的增加（票样见表 3-5）。

表 3–5

贷款凭证(3)(收账通知)

年　　月　　日

单位名称		种类	长期资金贷款	贷款户账号	01093366888

金额	人民币(大写):贰拾万元整	千	百	十	万	千	百	十	元	角	分
			¥	2	0	0	0	0	0	0	0

用途	生产经营	单位申请期限	自　　年　月　日起至　　年　月　日止	利率	
		银行核定期限	自　　年　月　日起至　　年　月　日止		

以上贷款已核准发放，代发。 已转收你单位账号账户。 银行签章 中国工商银行北京市 结算专用章	

4. 税收通用缴款书

税收通用缴款书是纳税人直接向银行缴纳及扣缴义务人代扣代收后向银行汇总缴纳税款(固定资产投资方向调节税和出口货物税收除外)、基金、费用、滞纳金和罚款等各项收入时使用的一种通用缴款凭证。本缴款书手工开票和计算机开票通用(票样见表 3–6)。

表 3–6

税收通用缴款书　　　　NO　0000000　国

隶属关系:见《填写须知》　　　　(97)京国缴

填发日期:　　年　　月　　日

注册类型:见《填写须知》　　　　征收机关:海滨区国家税务局第三税务所

缴款单位	代　码	纳税人识别码	预算科目	编码	见《填写须知》
	全　称	必须填写全称		名称	见《填写须知》
	开户银行			级次	见《填写须知》
	账　号		收款国库		45 海淀支库
税款所属时期	年　月　日		税款限缴时期	年　月　日	

品目名称	课税数量	计税金额或销售收入	税率或单位税额	已缴或扣金额	亿	千	百	十	万	千	百	十	元	角	分
见《填写须知》		必须填写	必须填写												
金额合计(大写)　亿　千　百　十　万　千　百　十　元　角　分															

缴款单位(人) (盖章) 经办人(章)	税务机关 (盖章) 经办人(章)	上列款项已核收记入收款单位账户 国库(银行)盖章　　年　月　日	备注:

（四）银行存款收款和付款基本业务核算实务

为了总括地反映企业银行存款的收支、结存情况，各单位应设置银行存款账户。银行存款账户属于资产类账户，借方表示银行存款的增加，贷方表示银行存款的减少，期末余额就在借方，表示企业银行存款的结余数。

1. 银行存款收款业务的核算

【例 3-1】 2020 年 3 月 15 日，北京市中环电器公司收到北京华大科技公司转账支票一张，面值 50 000 元，偿付之前所欠货款，当日存入公司银行账户。

出纳员填写进账单，将转账支票送交本公司开户银行进账，银行盖“转讫”章。将进账单回单联带回，填制收款凭证（票样见表 3-7），登记银行存款日记账。

表 3-7

收款凭证

银收 字第 01 号

借方科目 银行存款　　　　2020 年 03 月 15 日

摘要	对方科目		借或贷	金额										√
	总账科目	明细科目		千	百	十	万	千	百	十	元	角	分	
收回欠款	应收账款	北京华大科技公司	贷				5	0	0	0	0	0	0	
合　计						¥	5	0	0	0	0	0	0	

附单据壹张

会计主管：孙立　　记账：　　出纳：　　复核：　　制单：吴静　　受款人：

【例 3-2】 2020 年 3 月 17 日，北京市中环电器公司向北京鸿发有限责任公司销售洁静牌吸尘器一批，货款共计 500 000 元，增值税 65 000 元，收到一张对方开具的转账支票，已送存银行。

出纳员填写进账单，将转账支票送交本公司开户银行进账，银行盖“转讫”章。出纳员将进账单回单联带回，填制收款凭证（票样见表 3-8），登记银行存款日记账。

表 3-8

收 款 凭 证

银收 字第 02 号

借方科目 银行存款　　　　2020 年 04 月 12 日

摘　要	对方科目		借或贷	金额										√
	总账科目	明细科目		千	百	十	万	千	百	十	元	角	分	
销售吸尘器	主营业务收入		贷			5	0	0	0	0	0	0	0	
	应交税费	应交增值税（销项税额）					6	5	0	0	0	0	0	
合　　计					¥	5	6	5	0	0	0	0	0	

附单据壹张

会计主管:孙立　　记账:　　出纳:　　复核:　　制单:吴静　　受款人:

2. 银行存款付款业务的核算

【例 3-3】　2020 年 3 月 2 日从北京华大科技公司购入材料一批,价款 270 000 元,增值税额为 35 100 元,开出工行转账支票一张,用以支付货款。增值税专用发票已收到,货物已验收入库。

出纳员复核业务凭证,开具转账支票,将增值税专用发票、转账支票存根、入库单一起传给会计填制付款凭证(票样见表 3-9),登记银行存款日记账。

表 3-9

付 款 凭 证

银付字第 01 号

贷方科目银行存款　　　　2020 年 02 月 02 日

摘　要	总账科目	明细科目	借或贷	千	百	十	万	千	百	十	元	角	分	√
购买材料	原材料		借			2	7	0	0	0	0	0	0	
	应交税费	应交增值税（进项税额）					3	5	1	0	0	0	0	
合　　计					¥	3	0	5	1	0	0	0	0	

附单据壹张

会计主管:孙立　　记账:　　出纳:　　复核:　　制单:吴静　　受款人

【例 3-4】 2020 年 3 月 6 号，开具转账支票支付本月职工工资 300 000 元。

出纳员根据审核后的“职工工资结算表”，开具转账支票。由会计根据转账支票存根填制付款凭证（票样见表 3-10），登记银行存款日记账。

表 3-10

付款凭证

银付字第 02 号

贷方科目银行存款　　　　2020 年 05 月 07 日

摘要	总账科目	明细科目	借或贷	金额										√
				千	百	十	万	千	百	十	元	角	分	
发放工资	应付职工薪酬	工资	借			3	0	0	0	0	0	0	0	
合　计					¥	3	0	0	0	0	0	0	0	

附单据壹张

会计主管：孙立　　记账：　　出纳：　　复核：　　制单：吴静　　受款人

三、银行存款日记账的登记与核对

（一）银行存款日记账的设置

银行存款日记账是专门用来记录银行存款收支业务的一种特种日记账。每日业务终了时，应计算、登记当日的银行存款收入合计数、银行存款支出合计数以及账面结余额，以便检查和监督各项收入和支出款项，并便于定期同银行送来的对账单核对。

银行存款日记账必须采用订本式账簿，其账页格式一般采用“收入”（借方）、“支出”（贷方）和“余额”三栏式（票样见表 3-11）。银行存款收入支出数额应根据有关的记账凭证登记。为了便于银行对账，银行存款日记账的账页中要增设“结算凭证”栏。

表 3-11

第　号

银 行 存 款 日 记 账

开户行
账　号

年		凭证		摘　要	借方									核对√	贷方									核对√	余额								
月	日	字	号		百	十	万	千	百	十	元	角	分		百	十	万	千	百	十	元	角	分		百	十	万	千	百	十	元	角	分

(二)银行存款日记账的登记

银行存款日记账也是各单位重要的经济档案之一,在登记时与现金日记账的登记方法和要求基本一致。登记银行存款日记账总的要求是:银行存款日记账由出纳人员专门负责登记,登记时必须做到完整反映经济业务的内容,登记账目及时,凭证齐全,账证相符,数字真实、准确,书写工整,摘要清楚明了,便于查阅,不重记、不漏记、不错记,按期结算,不拖延积压,按规定方法更正错账,从而使账目既能明确经济责任又清晰、美观。

银行存款日记账通常也是由出纳员根据审核后的有关银行存款收、付款凭证,逐日逐笔按顺序登记,每日结出余额。

(三)银行存款日记账的核对

1. 银行存款日记账核对的内容

银行存款日记账核对是通过与银行送来的对账单进行核对完成的,银行存款日记账的核对主要包括账证核对、账账核对、账实核对。

(1)账证核对。收付凭证是登记银行存款日记账的依据,账目和凭证应该是完全一致的。但是在记账过程中,由于各种原因,往往会发生重记、漏记、记错方向或记错数字等情况。账证核对主要按照业务发生的顺序一笔一笔进行，检查项目主要是：核对凭证的编号；检查记账凭证与原始凭证两者是否完全相符；查对账证金额与方向的一致性。检查中发现差错时要立即按照规定方法更正，以确保账证完全一致。

（2）账账核对。银行存款日记账是根据收付凭证逐项登记的，银行存款总账是根据收付凭证汇总登记的，记账依据是相同的，记录结果应一致。但由于两种账簿是不同人员分别记账的，而且总账一般是汇总登记的，在汇总和登记过程中，都有可能发生差错。日记账是一笔一笔地记，记录次数多，难免会发生差错。平时要经常核对两账的余额，每月终了结账后，总账各科目的借方发生额、贷方发生额以及月末余额都已试算平衡，一定还要将其分别同银行存款日记账中的本月收入合计数、支出合计数和余额相互核对。如果不符，先应查出差错在哪一方，如果借方发生额出现差错，应查找银行存款收款凭证和银行存款收入一方的账目，反之，则查找银行存款付款凭证和银行存款支出一方的账目。若找出差错，应立即加以更正，做到账账相符。

（3）账实核对。企业、事业单位在银行中的存款实有数是通过银行对账单来反映的，所以照实核对是银行存款日记账定期与银行对账单核对，至少每月一次，这是出纳人员的一项重要工作。

2. 银行存款日记账与银行存款对账单的核对

理论上讲，银行存款日记账的记录与银行开出的银行存款对账单无论是发生额还是期末余额都应是完全一致的，因为它是同一账号存款的记录，但是通过核对，会发现双方的账目经常出现不一致的情况。其原因有两个：一是双方账目可能发生记录或计算上的错误。如单位记账时漏记、重记，银行对账单串户等，这种错误应由双方及时查明原因，予以更正。二是有未达账项。无论是记录有误还是有未达账项，都要通过单位银行存款日记账的记录与银行开出的银行存款对账单进行逐笔核对才能发现。

具体做法是：出纳人员根据银行提供的对账单同自己的银行存款日记账进行核对。核对时，需要对凭证的种类、编号、摘要、记账方向、金额、记账日期等内容进行逐项核对，凡是对账单与银行存款日记账记录内容相同的可用“√”在对账单和日记账上分别标示，以查明该笔业务核对一致；若有未达账项，应编制银行存款余额调节表进行调节，使双方余额相等。

未达账项是指由于期末银行结算凭证传递时间的差异而造成的银行与开户单位之间一方入账、另一方尚未入账的账项。未达账项主要有四种情况：

（1）银行已经收款入账，而企业尚未收到银行的收款通知因而未收款入账的款项，如委托银行收款等。

（2）银行已经付款入账，而企业尚未收到银行的付款通知因而未付款入账的款项，如借款利息的扣付、托收无承付等。

（3）企业已经收款入账，而银行尚未办理完转账手续因而未收款入账的款项，如收到外单位的转账支票等。

（4）企业已经付款入账，而银行尚未办理完转账手续因而未付款入账的款项，如企业已开出支票而持票人尚未向银行提现或转账等。

出现(1)和(4)两种情况时,会使开户单位银行存款账面余额小于银行对账单的存款余额;出现(2)和(3)两种情况时,会使开户单位银行存款账面余额大于银行对账单的存款余额。无论出现哪种情况,都会使开户单位存款余额与银行对账单存款余额不一致,很容易开出空头支票,对此,必须编制银行存款余额调节表进行调节。

3. 银行存款余额调节表的编制

银行存款余额调节表的编制方法一般是在双方账面余额的基础上,分别补记对方已记而本方未记账的账项金额,然后验证调节后的双方账目是否相符。

银行存款余额调节表调节后的余额只能起到核对账目的作用,不得用于调整银行存款账面余额,不属于原始凭证。各单位编制的余额调节表应附在当月记账凭证的首页前面,与记账凭证及所附原始凭证装订在一起,以便以后审计查账。

【例3-5】 某企业2020年3月25日以后的银行存款日记账记录与3月30日收到的银行对账单记录如下(假定25日之前的记录全部相符)。

通过核对,查出未达账项四笔。据此,编制银行存款余额调节表(表3-12),检查双方银行存款账目记录的正确性。

表3-12 银行存款余额调节表

2020年03月30日 单位:元

项目	金额	项目	金额
银行存款日记账余额	20 000	银行对账单余额	22 000
加:银行已收	400	加:单位已收	300
减:银行已付	200	减:单位已付	2 100
调节后的存款余额	20 200	调节后的存款余额	20 200

任务二 支票结算方式

一、银行结算概述

(一)银行结算的含义

银行结算即转账结算业务,简称结算,也叫支付结算,是以信用收付代替现金收付的业务。它是指通过银行账户的资金转移所实现收付的行为,即银行接受客户委托代收代付,从付款单位存款账户划出款项,转入收款单位存款账户,以此完成当事人之间债权、债务的清算或资金的调拨。

目前的结算办法主要有银行汇票、商业汇票、银行本票、支票、汇兑、委托收款、异地托收承付和信用卡以及网上银行等方式。结算工作的任务是根据经济往来,合理组织结算和准确、及时、安全办理结算,加强结算管理,保障结算活动正常进行。办理结算的原则是恪守信用、履约付款,谁的钱进谁的账、由谁支配,银行不垫款。支付结算实行集中统一和分级管理相结合的管理体制。中国人民银行总行负责制定统一的支付结算制度,组织、协调、管理、监督全国的支付结算工作,调解、处理银行之间的支付结算纠纷。

《中华人民共和国中国人民银行法》第二十七条规定:"中国人民银行应当组织或者协助组织银行业金融机构相互之间的清算系统,协调银行业金融机构相互之间的清算事项,提供清算服务。具体办法由中国人民银行规定。"

(二)支付结算的种类

按照不同的标准,支付结算可分为不同的类别。

1. 依结算采用的形式划分

依结算采用的形式不同,结算可分为现金结算和非现金结算两种。其中,现金结算是指当事人直接用现金进行货币收付,了结其债权、债务的行为。在我国,现金结算受现金管理制度的制约,限于个人之间和单位之间结算起点以下的零星收支以及单位对个人的有关开支。非现金结算是指当事人通过银行将款项从付款单位的账户划转到收款单位的账户来完成货币收付以结清债权、债务的行为,故又称为转账结算或银行结算。本章主要介绍银行结算及实务。

2. 依结算采用的工具划分

依结算使用的工具不同,分为票据结算和非票据结算两类。票据结算是以票据(汇票、本票和支票)作为支付工具来结清货币收付双方的债权和债务关系的行为;非票据结算是客户间以结算凭证为依据来清结债权和债务关系的行为,如银行卡、汇兑、托收承付、委托收款和网上银行等。

(三)银行结算的作用

按照银行结算办法的规定,除了规定的可以使用现金结算的以外,所有企业和事业单位、机关、团体、部队等相互之间发生的商品交易、劳务供应、资金调拨、信用往来等均通过银行实行转账结算。实行银行转账结算具有如下作用:

(1)实行银行转账结算,用银行信用收付代替现金流通,使各单位之间只有结算起点以下的和符合现金开支范围内的业务才使用现金,缩小了现金流通的范围和数量,使大量现金脱离流通领域,从而为国家有计划地组织和调节货币流通量、防止和抑制通货膨胀创造条件。

(2)银行转账结算是通过银行集中清算资金实现的。银行通过使用各种结算凭证、票据,在银行账户上将资金直接从付款单位(或个人)划转给收款单位(或个人),只要是在结算起点以上的均能通过银行机构及时办理。该结算方法手续简单,省去了使用现金结算时的款项运送、清点、保管等手续,方便、快捷,从而缩短清算时间,加速物资和资金的周转。

(3)实行银行结算,有利于聚集闲置资金,扩大银行信贷资金来源。

(4)实行银行结算,各单位的款项收支大部分都通过银行办理结算,银行通过集中办理转账结算,可以全面地了解各单位的经济活动,监督各单位认真执行财经纪律,防止非法活动的发生。

(5)实行银行转账结算,可以避免由于实行现金结算而发生的现金运输、保管过程中丢失、被抢、被窃等不测损失;并且由于通过银行转账结算,不论款项大小、时间长短都有据可查,一旦发生意外情况也便于追索,从而保证结算资金的安全。

(6)实行转账结算,银行可监督各单位履行合同、遵守信用等情况,从而减少由于对方单位不守信用而带来的损失。

(四)银行结算的基本要求

各单位办理银行结算,必须了解并遵守下列基本要求:

(1)各单位办理结算必须遵守国家法律、法规和结算办法的各项规定。

(2)各项经济往来,除了按照国家现金管理的规定可以使用现金以外,都必须办理转账结算。

(3)在银行开立账户的单位办理转账结算,账户内须有足够的资金保证支付。

(4)各单位办理结算必须使用银行统一规定的票据和结算凭证,并按照规定正确填写。

(5)银行、单位办理结算应遵守"恪守信用,履约付款,谁的钱进谁的账、由谁支配,银行不垫款"的结算原则。

(6)银行按照结算办法的规定审查票据和结算凭证。收付双方发生的经济纠纷应由其自行处理,或向人民法院、仲裁机关申请司法解决或裁决。

(7)银行依法为单位、个人的存款保密,维护其资金的自主支配权。除了国家法律规定和国务院授权中国人民银行总行的监督项目以外,其他部门和地方委托监督的事项,各银行均不受理,不代任何单位查询、扣款,不得停止单位存款的正常支付。

(8)各单位办理结算,必须严格遵守银行结算纪律,不准签发空头支票和远期支票,不准套取银行信用。

(9)各单位办理结算,由于填写结算凭证有误而影响资金使用,票据和印章丢失而造成资金损失的,由其自行负责。

二、银行结算凭证的填写规定

(一)结算凭证的种类

所谓的结算方式,是指用一定的形式和条件来实现单位(或个人)之间货币收付的程序和方法。结算方式是办理结算业务的具体组织形式,是结算制度的重要组成部分。不同的结算方式有自己独特的结算凭证。现行的结算凭证有以下几种：

1. 支票结算

支票结算是由付款单位签发支票，通知银行从其存款中支付款项的一种结算方式。它适用于同城间的商品交易、劳务供应和其他款项的结算。支票分为现金支票和转账支票，现金支票既可以提取现金也可以转账，转账支票则只可转账不能提现。支票的结算起点为100元，付款有效期限为10天。支票一律记名，转账支票和中国人民银行总行批准的地区可以背书转让。对企业签发的空头支票或印鉴不符的支票，银行除退票以外，还要对开具单位处以相应的经济处罚。

2. 银行本票结算

银行本票结算是申请人将款项缴存银行，由银行签发本票，并据以办理转账结算或支取现金的结算方式。它适用于同城范围内的商品交易、劳务供应及其他款项的结算。银行本票分为定额本票和不定额本票两种。定额本票的面额分别为500元、1 000元、5 000元、10 000元。银行本票的付款期限为2个月。银行本票一律记名，也可以背书转让。

3. 银行汇票结算

银行汇票结算是汇款人将款项交存银行，由银行签发汇票交汇款人据以办理转账结算或支取现金的一种结算方式。

该方式适用于单位、个体经营户和个人向同城或异地支付的各种款项，具有应用范围广、使用灵活的特点。银行汇票采用记名方式，可以进行转账，也可以支取现金。银行汇票的付款期限为1个月，在有效期内既可分次支付或转汇，也可背书转让。

4. 汇兑结算

汇兑结算是汇款人委托银行将款项汇给外地收款人的结算方式。汇兑分为信汇和电汇两种，通常适用于异地间的资金调拨、企业之间清理结算尾款和先款后货的交易事项。汇兑结算安全、方便又无金额起点，所以应用较为广泛。销货单位如果对购货单位的信用状况了解不够，应采用先款后货的方式销售；如果先货后款，可能出现货款不能收回的情况，增加企业的结算风险，所以应慎重选择。

5. 异地托收承付结算

异地托收承付结算是根据购销合同由收款人发货后委托银行向异地付款人收取款项，由付款人向银行承认付款的结算方式。使用异地托收承付结算方式的收款单位和付款单位，必须是国有企业或供销合作社以及经营较好并经开户银行审查同意的城乡集体所有制工业企业。办理异地托收承付结算的款项必须是商品交易以及因商品交易而产生的劳务供应款项。代销、寄销、赊销商品款项，不得办理托收承付结算。托收金额的起点为10 000元，新华书店的起点为1 000元。款项划转方式有邮划和电划两种，电划比邮划速度快，托收方可以根据缓急程度选用。

6. 商业汇票结算

商业汇票是由收款人或付款人签发商业汇票，由承兑人承兑汇票，并于到期日向收款人或背书人支付票据款项的一种结算方式。商业汇票按其承兑人的不同,分为商业承兑汇票和银行承兑汇票两种。其中,承兑人为付款人的称为商业承兑汇票,承兑人为银行的称为银行承兑汇票。

与前述几种结算方式相比较,商业承兑汇票为延期票据,而其他结算方式所使用的票据为即期票据;商业汇票结算方式仅限于先发货后收款或企业之间订有赊销合同约定延期付款的商品交易和劳务供应,没有约定延期付款合同的商品交易和劳务供应以及非商品交易不得采用这种结算方式。商业汇票结算同城或异地均可采用,商业汇票一律记名,可以背书转让。

汇票承兑期限由交易双方商定,但最长不得超过6个月。

7. 委托收款结算

委托收款结算是收款人委托银行向付款人收取款项的一种结算方式。委托收款结算款项的划回,分邮寄和电报两种方式。委托收款和异地托收承付都是由收款单位主动收款的结算方式,区别在于委托收款结算更加灵活、简便,它不仅适用于异地结算,而且也适用于同城结算;不但能够用于商品交易和劳务供应,同时也能够用于一切在银行或其他金融部门开立账户的单位间各种款项的结算。委托收款结算无金额起点的限制,不强调双方的经济合同,不以发运商品为托收的前提,结算中双方发生的争议,由双方自行处理,银行不负责审查拒付理由。

8. 网上银行

网上银行支付是付款人通过网络与银行之间的支付接口进行款项交易的一种即时支付方式,是目前运用较多的支付类型。相较于传统结算方式,网上银行更加方便快捷,资金实时到账,而且又能随时查询,因此被广泛采用。

(二)结算凭证的内容

按中国人民银行《支付结算办法》的规定,结算凭证必须记载以下内容:

(1)结算凭证的名称。

(2) 结算凭证的签发日期。

(3)收、付款人的名称和账号。

(4)收、付款人开户银行的名称。

(5)结算金额。

(6)结算内容。

(7)结算凭证联次及用途。

(8)签章。

(三)结算凭证的填写要求

银行、单位和个人填写的各种票据和结算凭证是办理支付结算与现金收付的重要依据,直接关系到支付结算的准确、及时和安全。票据和结算凭证是银行、单位和个人记载账务的会计凭证,是记载经济业务、明确经济责任的一种书面证明。因此,填写票据和结算凭证，必须做到标准化、规范化，要素齐全、数字正确、字迹清晰、不错漏、不潦草，防止涂改。

1. 中文大写金额数字应用正楷或行书填写，如壹、贰、叁、肆、伍、陆、柒、捌、玖、拾、佰、仟、万、亿、元、角、分、零、整（正）等字样。不得用一、二（两）、三、四、五、六、七、八、九、十、毛、另（或0）填写，不得自造简化字。如果金额数字书写中使用繁体字的，也应受理。

2. 中文大写金额数字到“元”为止的，在“元”之后应写“整”（或“正”）字，在“角”之后可以不写“整”（或“正”）字。大写金额数字有“分”的，“分”后面不写“整”（或“正”）字。

3. 中文大写金额数字前应标明“人民币”字样，大写金额数字应紧接“人民币”字样填写，不得留有空白。大写金额数字前未印“人民币”字样的，应加填“人民币”三字。在票据和结算凭证大写金额栏内不得预印固定的“万、仟、佰、拾、元、角、分”字样。

4. 阿拉伯小写金额数字中有“0”时，中文大写应按照汉语语言规律、金额数字构成和防止涂改的要求进行书写。举例如下：

（1）阿拉伯数字中间有“0”时，中文大写金额要写“零”字。如￥1 409.50应写成“人民币壹仟肆佰零玖元伍角”。

（2）阿拉伯数字中间连续有几个“0”时，中文大写金额中间可以只写一个“零”字，如￥6 007.14应写成“人民币陆仟零柒元壹角肆分”。

（3）阿拉伯金额数字万位或元位是“0”，或者数字中间连续有几个“0”，万位、元位也是“0”，但千位、角位不是“0”时，中文大写金额中可以只写一个零字，也可以不写“零”字。如￥1 680.32应写成“人民币壹仟陆佰捌拾元零叁角贰分”，或者写成“人民币壹仟陆佰捌拾元叁角贰分”；又如￥107 000.53应写成“人民币壹拾万柒仟元零伍角叁分”，或者写成“人民币壹拾万零柒仟元伍角叁分”。

（4）阿拉伯金额数字角位是“0”而分位不是“0”时，中文大写金额“元”后面应写“零”字。如￥16 409.02应写成“人民币壹万陆仟肆佰零玖元零贰分”；又如￥325.04应写成“人民币叁佰贰拾伍元零肆分”。

5. 阿拉伯小写金额数字前面，均应填写人民币符号“￥”。阿拉伯小写金额数字要认真填写，不得连写分辨不清。

6. 票据的出票日期必须使用中文大写。为防止变造票据的出票日期，在填写月、日时，月为壹、贰和壹拾的，日为壹至玖和壹拾、贰拾和叁拾的，应在其前加“零”；日为拾壹至拾玖的，应在其前加“壹”。如1月15日应写成“零壹月壹拾伍日”。再如10月20日应写成“零壹拾月零贰拾日”。

7. 票据出票日期使用小写填写的，银行不予受理。大写日期未按要求规范填写的，银行可予受理，但由此造成损失的，由出票人自行承担。

三、票据概述

(一)票据的概念及种类

票据是指体现一定财产权利的有价证券,包括银行汇票、银行本票、商业汇票、支票。

(二)票据的基本内容

《中华人民共和国票据法》对票据在出票、背书、承兑等方面的内容作了具体的规定,确立了票据的具体制度,这些具体制度具有较强的操作性,也是出纳人员正确掌握和运用票据结算的关键。

1. 出票制度

出票是指汇票、本票、支票的出票人按照《票据法》规定的记载事项和方式做成票据并支付的一种票据行为。票据必须记载的事项包括:表明票据种类的文字、无条件支付的委托、确定的金额、收付款人名称、出票日期、出票人签章、付款日期、付款地、出票地等。

2. 背书制度

背书是票据持有人按照票据法的规定,在票据的背面记载一定的事项,以表示其愿意转让票据权利的行为。背书制度适用于汇票、本票和支票这三种票据。

《票据法》规定转让背书必须记载的事项有:背书人签章和背书人名称(此两项必须记载,否则背书无效)、背书日期(此项如欠缺记载,背书仍有效)。

3. 承兑制度

承兑是指汇票的付款人按照票据法的规定,在汇票上记载一定的事项,以表示其愿意支付汇票金额的票据行为。承兑是汇票特有的行为,本票和支票均不存在承兑问题。

四、支票概述

(一)支票的概念

支票是指由出票人签发的、委托办理支票存款业务的银行在见票时无条件支付确定的金额给收款人或持票人的一种票据。支票的出票人,为在中国人民银行当地分(支)行批准办理支票业务的银行机构开立可以使用支票的存款账户的单位和个人。支票的付款人,为支票上记载的出票人开户银行。

(二)支票的适用范围

按照规定,凡是在银行开立账户的企业、事业单位和机关、团体、部队、学校、个体工商户以及单位附属食堂与幼儿园等,其在同一城市或票据交换地区的商品交易、劳务供应、债务清偿和其他款项结算等均可使用支票。

(三)支票的种类

1. 现金支票,即支票上印有"现金"字样,现金支票能用于支取现金。现金支票格式见表3-13。

2. 转账支票，即支票上印有“转账”字样，转账支票只能用于转账。转账支票正面和背面票样格式见表3-14和表3-15。

3. 普通支票，即支票上未印有“现金”或“转账”字样。普通支票可以用于支取现金，也可以用于转账。在普通支票左上角画两条平行线的，为划线支票。划线支票只能用于转账，不得支取现金。

表3-13

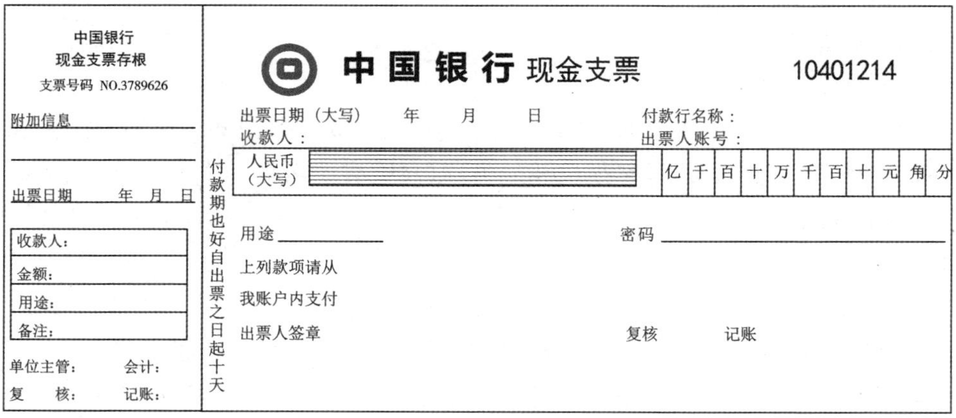
中国银行
现金支票存根
支票号码 NO.3789626
附加信息
出票日期 年 月 日
收款人：
金额：
用途：
备注：
单位主管： 会计：
复 核： 记账：

中国银行 现金支票 10401214
出票日期（大写） 年 月 日 付款行名称：
收款人： 出票人账号：
人民币（大写） 亿 千 百 十 万 千 百 十 元 角 分
付款期也好自出票之日起十天
用途 密码
上列款项请从
我账户内支付
出票人签章 复核 记账

表3-14

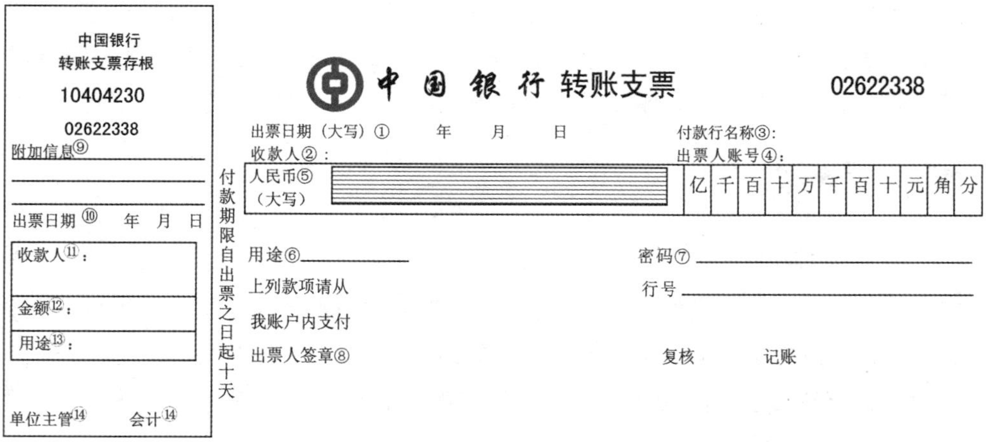
中国银行
转账支票存根
10404230
02622338
附加信息⑨
出票日期⑩ 年 月 日
收款人⑪：
金额⑫：
用途⑬：
单位主管⑭ 会计⑭

中国银行 转账支票 02622338
出票日期（大写）① 年 月 日 付款行名称③:
收款人②： 出票人账号④:
人民币⑤（大写） 亿 千 百 十 万 千 百 十 元 角 分
付款期限自出票之日起十天
用途⑥ 密码⑦
上列款项请从 行号
我账户内支付
出票人签章⑧ 复核 记账

注：

①出票日期：写支票填开当天的日期。日期明必须使用中文大写，以防止变造日期。在填写时，月份为壹、贰、壹拾的，日为壹至玖和壹拾、贰拾、叁拾的，应在其前加写“零”；日为拾壹至拾玖的，应在其前加写“壹”。1月15日，应写成“零壹月壹拾伍日”；10月20日，应写成“零壹拾月零贰拾日”。使用小写填写的，银行不予受理。大写日期未按要求规范填写的，银行可以受理，但由此造成损失的，由出票单位自行承担。

②收款人：填写对方收款单位的名称。

③付款行名称:填写付款单位开户银行的名称。

④出票人账号:填写付款单位在开户银行的账号。

⑤金额:大写按要求规范填写,小写金额必须与大写金额一致,并在小写量高位的前一格填写人民币符号“￥”。

⑥用途:填写所付款项的用途。

⑦密码:采用支付密码的,可在此填写支付密码。

⑧出票人签章:应加盖银行预留印鉴章。加盖印章时要用力,使印章清晰。

⑨附加信息:与正联背面后填内容相同。

⑩出票日期:用小写填写与正联相同的日期。

⑪收款人:与正联所填内容相同。

⑫金额:用小写填写与正联相同的金额

⑬用途:与正联所填相同。

⑭单位主管、会计:由单位财务负责人、会计签名或盖章。

表 3-15

<table>
<tr><td rowspan="2">附加信息④:</td><td>被背书人①:</td></tr>
<tr><td>背书人签章②

年　月　日③</td></tr>
</table>

注:

①被背书人:收款单位开户银行名称。

②背书人签章:收款单位银行预留印鉴章,同时在本栏填写“委托收款”字样。

③年、月、日:用小写填写签章的日期。

④附加信息:可填写需要说明的有关事项。

(四)违规利用支票的处罚

印鉴缺或账号错的支票及签发的支票印鉴不符、账号户名不符、密码号不符的,银行处5%但不低于1 000元的罚款。

(五)签发现金支票须符合现金管理规定

收款单位凭现金支票收取现金,须在支票背面加盖单位公章即背书。收款单位到签发单位开户银行支取现金时,应按银行规定交验有关证件。

五、支票结算的基本规定

(1)除定额支票外,支票一律记名。经中国人民银行总行批准的地区的转账支票还允许背书转让,背书转让必须连续。

(2)支票金额起点为100元。

(3)支票的付款有效期为5天(背书转让地区的转账支票有效期为10天),从签发的次日算起,遇假日顺延。过期支票作废,银行不予受理。

(4)签发支票要用黑色水笔(或使用支票打印机)认真填写;支票大、小写金额和收款人三处不得涂改,其他内容如有改动须由签发人加盖预留银行印鉴证明。不得签发空头支票。空头支票是指签发的支票金额超过银行存款余额。签发空头支票要受到银行的处罚。对于签发空头支票的,银行要处支票金额5%但不低于1 000元的罚金。如果屡次发生,银行根据情节给予警告或通报批评,直至停止其签发支票。

(5)不准签发远期支票。远期支票是指签发当日以后日期的支票。因为签发远期支票容易造成空头支票,所以银行禁止其签发远期支票。

(6)不准出租、出借支票。

(7)已签发的现金支票如有遗失,可以向银行申请挂失;挂失前已经支付的,银行不予受理。已签发的转账支票如有遗失,银行不受理挂失,但可以请收款单位协助防范。

六、支票结算的基本程序

(一)现金支票结算的基本程序

1. 签发支票

(1)开户单位用现金支票提取现金时,由开户单位出纳人员签发现金支票,并加盖银行预留印鉴,注明收款人后交收款人。

(2)开户单位用现金支票支付外单位或个人现金时,由付款单位出纳人员签发现金支票,并加盖银行预留印鉴,注明收款人后交收款人。

2. 收款人提取现金

(1)收款人持现金支票到付款单位开户银行提取现金,并按银行有关要求交验相关证件。

(2)付款单位开户银行审核无误后,支付现金给收款人。现金支票结算的基本程序见图3–1。

图 3-1　现金支票结算的基本程序

说明:①提供商品或劳务等;②签发现金支票;③交验现金支票;④支付现金。

(二)转账支票结算的基本程序

1. 由签发人交收款人办理结算

其结算程序如下:

(1)付款人签发转账支票交收款人。

(2)收款人持票并填进账单到开户行办理入账。

(3)银行间办理划拨。

(4)收款人开户银行下收款通知。

2. 由签发人交签发人开户银行办理结算

其结算程序如下:

(1)签发转账支票并填进账单办理转账。

(2)银行间办理划拨。

(3)收款人开户银行下收款通知。

七、支票结算的账务处理

(一)付款单位的账务处理

付款单位签发支票后,根据支票存根联和发票等,借记"材料采购""库存商品""库存现金"等账户,贷记"银行存款"账户。

(二)收款单位的账务处理

收款单位收到支票并填制"进账单"办理收款手续后,根据"进账单"收款通知联和发票等,借记"银行存款"账户,贷记"主营业务收入""应收账款"等账户。

【例 3-6】 2020 年 3 月 15 日,北京宏达机器厂以银行存款向北京市供电局支付 2 月份的电费 4 000 元。

(1)出纳人员开出转账支票(见表 3-16 和表 3-17 所示,开户行为工商银行枣扬办,账号为 4819076)交收款人。

(2)财会人员根据支票存根及电费发票编制付款凭证(见表 3-18)。

表 3–16

工商银行 转账支票存根 10203231 06003883	10203231 中国工商银行 转账支票 06003883　　06003883
附加信息	出票日期（大写）　贰零贰零年零叁月壹拾伍日　　付款行名称：工商行枣杨办
出票日期　2020年3月15日	收款人：北京市供电局　　出票人账号：4819076
收款人： 北京市供电局	付款期限自出票之日起十天 人民币（大写）　肆仟元整　　亿 千 百 十 万 千 百 十 元 角 分：¥ 4 0 0 0 0 0
金额：¥4000.00	用途　支付电费　　密码
用途：支付电费	上列款项请从我账户内支付　　行号　5216789 出票人签章　北京宏达机器厂财务专用章　印 李国　　复核　　记账
单位主管　　会计	

表 3–17

附加信息：	被背书人：中国工商银行北京分行朝阳支行
	委托收款 北京市供电局财务专用章　　印 王丰 背书人签章 2020 年 3 月 15 日

表 3-18

付款凭证　　银付字第 03 号

贷方科目银行存款　　2020 年 03 月 15 日

摘 要	总账科目	明细科目	借或贷	千	百	十	万	千	百	十	元	角	分	√
支付电费	应付账款	电费	借					4	0	0	0	0	0	
合　　计							¥	4	0	0	0	0	0	

附单据壹张

会计主管:孙立　记账:　出纳:　复核:　制单:吴静　受款人

【例 3-7】 2020 年 3 月 20 日,北京宏达机器厂(开户行为工商银行枣扬办,账号为 4819076)向本市红日商场(开户行为工商银行朝阳支行,账号为 5216789)销售产品 50 000 元,增值税为 6 500 元,收到对方交来的转账支票一张,金额 56 500 元,当即送存银行。

(1)出纳人员持转账支票并填列一式三联"进账单"交开户行办理转账。

(2)财会人员根据开户银行转回的收账通知联(见表 3-19 所示)编制收款凭证(见表 3-20)。

表 3-19

中国工商银行　进 账 单　(收账通知)　　3

2020 年 03 月 20 日①

出票人			收款人		
出票人	全　称②	红日商场	收款人	全　称⑤	北京宏达机器厂
出票人	账　号③	5216789	收款人	账　号⑤	4819076
出票人	开户银行④	工商银行朝阳支行	收款人	开户银行⑤	工商银行朝阳支行

人民币(大写)⑥	亿	千	百	十	万	千	百	十	元	角	分
伍万陆仟伍佰元整				¥	5	6	5	0	0	0	0

票据种类⑦	转账支票	票据张数⑧	1
票据号码⑨			

中国工商银行北京分行 枣扬办支行 2020.03.20 业务受理章

单位主管⑩　会计⑩　复核⑩　记账　　开户银行盖章

此联是受理行交给持出票人的回单

注：

①日期：填写办理进账当天的日期。

②出票人全称：按支票上出票人签章上的名称填写。

③出票人账号：按支票上记载出票人账号填写。

④出票人开户银行：按支票上记载的付款行名称填写。

⑤收款人全称、账号、开户银行：按收款单位的具体情况填写。

⑥金额：按支票的金额填写。

⑦票据种类：填写结算票据的种类。

⑧票据张数：填写结算票据的张数。

⑨票据号码：填写结算票据的号码。

⑩单位主管、会计、复核、记账：由单位财务负责人、会计、复核、记账签名或盖章。

表 3-20

收款凭证

银收 字第 03 号

借方科目 银行存款　　　　2020 年 03 月 20 日

摘要	对方科目		借或贷	金额										√
	总账科目	明细科目		千	百	十	万	千	百	十	元	角	分	
销售商品	主营业务收入		贷				5	0	0	0	0	0	0	
	应交税费	应交增值税（销项税额）						6	5	0	0	0	0	
	合　　计													
						¥	5	6	5	0	0	0	0	

附单据壹张

会计主管：孙立　　记账：　　出纳：　　复核：　　制单：吴静　　受款人：

任务三　银行本票结算方式

一、银行本票结算概述

（一）银行本票的概念

银行本票是指由银行签发的，承诺自己在见票时无条件支付确定的金额给收款人或者持票人的票据。

(二)银行本票结算的适用范围

银行本票结算适用于单位和个人在同城范围内或同一票据交换区域内的商品交易、劳务供应以及其他款项的结算。

(三)银行本票的凭证格式

银行本票一式两联,第一联为“卡片”,出票行留存,结清本票时作借方凭证附件,见表 3-21。

第二联为“本票”,出票行结清本票时作借方凭证,见表 3-22 和表 3-23。

表 3-21

付款期限
贰个月

中国××银行

本　票(卡片)1　　　　本票号码

出票日期(大写)　　年　　月　　日

<table>
<tr><td colspan="3">收款人:</td><td colspan="2">申请人:</td></tr>
<tr><td colspan="5">凭票即付人民币(大写)</td></tr>
<tr><td>转账</td><td>现金</td><td rowspan="2" colspan="2">出票银行签章</td><td rowspan="2">出纳:　复核:　记账:</td></tr>
<tr><td colspan="2">备注:</td></tr>
</table>

此联出票行留存,结清本票时作借方凭证附件

表 3-22

付款期限
贰个月

中国××银行

本　票　　2　　　　本票号码

出票日期(大写)　　年　　月　　日

<table>
<tr><td colspan="3">收款人:</td><td colspan="2">申请人:</td></tr>
<tr><td colspan="5">凭票即付人民币(大写)</td></tr>
<tr><td>转账</td><td>现金</td><td rowspan="2" colspan="2">出票行签章</td><td rowspan="2">出纳:　复核:　记账:</td></tr>
<tr><td colspan="2">备注:</td></tr>
</table>

此联出票行结清本票时作借方凭证

表 3–23

被背书人	被背书人
背书人签章 年 月 日	背书人签章 年 月 日
持票人向银行 提示付款签章：	身份证件名称： 发放机关： 号码

二、银行本票结算的基本规定

（1）银行本票一律记名。

（2）银行本票允许背书转让。

（3）银行本票的付款期为两个月，逾期的银行本票，兑付银行不予受理。

（4）银行本票见票即付，不予挂失。遗失的不定额银行本票在付款期满后 1 个月确未冒领的，可以办理退款手续。

（5）不允许签发远期本票。

（6）银行本票的出票人，为经中国人民银行当地分（支）行批准办理银行本票业务的银行机构。

三、银行本票结算的基本程序

（1）申请人填写银行本票的“业务委托书”，申请签发银行本票。

（2）银行受理银行本票的“业务委托书”，向申请人签发银行本票。

（3）申请人（付款人）持票办理款项结算。

（4）收款人持银行本票、进账单到开户银行办理收款，银行盖章退回进账单回单联给收款人。

（5）收、付款双方开户银行之间划拨款项。

银行本票结算的基本程序见图 3–2 所示。

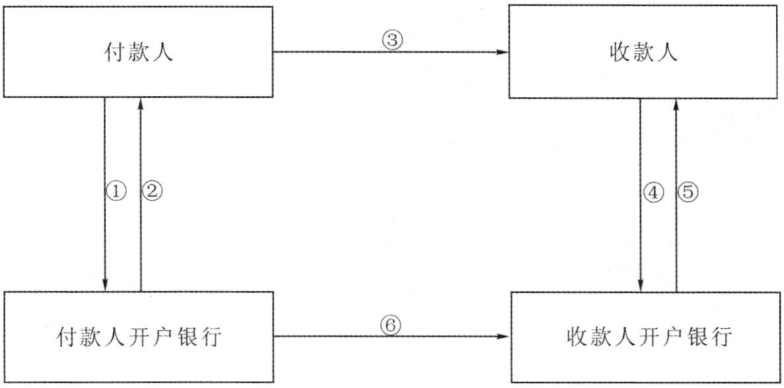

图 3-2　银行本票结算的基本程序

说明：①申请办理本票；②签发本票；③持票办理结算；④送存本票及进账单；⑤退回进账单回单；⑥传递凭证、划转款项。

四、银行本票结算的账务处理

(一)付款方

(1)根据银行退回签发的本票和银行本票的业务委托书(表 3-24)，编制付款凭证(表 3-25)。

表 3-24

业务委托书

委托日期：　　年　　月　　日　　　委托书号码

<table>
<tr><td>银行打印</td><td colspan="6"></td></tr>
<tr><td rowspan="9">客户打印</td><td colspan="2">业务类型</td><td colspan="2">□电汇 □信汇 ☑汇票申请书 □本票申请书
□其他____________</td><td>汇款方式</td><td>□普通
□加急</td></tr>
<tr><td rowspan="4">委托人</td><td>全称</td><td></td><td rowspan="4">收款人</td><td>全称</td><td></td></tr>
<tr><td>账号或地址</td><td></td><td>账号或地址</td><td></td></tr>
<tr><td>开户行名称</td><td></td><td>开户行名称</td><td></td></tr>
<tr><td>开户银行</td><td></td><td>开户银行</td><td></td></tr>
<tr><td colspan="3">金额(大写)人民币伍万元整</td><td colspan="3">亿 千 百 十 万 千 百 十 元 角 分</td></tr>
<tr><td colspan="2">支付密码</td><td></td><td colspan="3" rowspan="3">上述款项及相关费用请从我账户内支付。</td></tr>
<tr><td colspan="2">加急汇款签字</td><td></td></tr>
<tr><td colspan="2">用途</td><td></td></tr>
<tr><td></td><td colspan="3">附加信息及用途：</td><td colspan="3">委托人签章：</td></tr>
</table>

第一联　记账联

事后监督：　　会计主管：　　复核：　　记账：

表 3-25

付款凭证

银付字第　号

贷方科目银行存款　　　　年　月　日

摘要	总账科目	明细科目	借或贷	千	百	十	万	千	百	十	元	角	分	√
银行本票付款	其他货币资金	银行本票存款	借											
	合　计													

附单据壹张

会计主管:孙立　记账:　出纳:　复核:　制单:吴静　受款人

（二）收款方

收款方根据银行退回的“进账单”回单及有关发票,编制收款凭证(表3-26)。

表 3-26

收款凭证

银收 字第　号

借方科目 银行存款　　　　年　月　日

摘要	对方科目：总账科目	对方科目：明细科目	借或贷	千	百	十	万	千	百	十	元	角	分	√
收到购货单位银行本票	主营业务收入		贷											
	应交税费	应交增值税（销项税额）												
	合　计													

附单据壹张

会计主管:孙立　记账:　出纳:　复核:　制单:吴静　受款人:

任务四　银行汇票结算方式

一、银行汇票概述

(一)银行汇票的概念

银行汇票是汇款人将款项交存当地出票银行,由出票银行签发的、在见票时按照实际结算金额无条件支付给收款人或持票人的票据。银行汇票的出票银行为银行汇票的付款人。银行汇票有使用灵活、票随人到、兑现性强等特点,适用于先收款后发货或钱货两清的商品交易。

(二)银行汇票的适用范围

银行汇票是目前异地结算中较为广泛采用的一种结算方式。这种结算方式不仅适用于在银行开户的单位、个体工商户和个人,而且适用于未在银行开立账户的个体工商户和个人。凡是各单位、个体工商户和个人需要在异地进行商品交易、劳务供应和其他经济活动及债权与债务的结算,都可以使用银行汇票。银行汇票既可以用于转账结算,也可以支取现金。

(三)银行汇票结算凭证的格式

银行汇票结算凭证一式四联。

第一联为“卡片”,是出票行结清汇票时作汇出款项的支款凭证,见表3-27。

第二联为“汇票”,是代理付款行付款后作联行往账付款凭证的附件,其正面票样、背面票样见表3-28、表3-29。

第三联为“解讫通知”,是代理付款行兑付后随报单寄出票行,由出票行作多余款项的收款凭证,见表3-30。

第四联为“多余款收账通知”,是出票行结清多余款项后交申请人的凭证,见表3-31。

表 3–27

付款期限 壹个月	中国××银行 **银行汇票**(卡片) 1		汇票号码
出票日期(大写) 年 月 日		代理付款行：	行号：
收款人：		账号：	
出票金额	人民币(大写)		
实际结算金额	人民币(大写)	千 百 十 万 千 百 十 元 角 分	

申请人：________ 账号：________

出票行：________ 行号：________

备注：________

复核 记账

复核 记账

此联出票行结清汇票时作汇出汇款借方凭证

表 3–28

付款期限 壹个月	中国××银行 **银行汇票** 2		汇票号码
出票日期(大写) 年 月 日		代理付款行：	行号：
收款人：		账号：	
出票金额	人民币(大写)		
实际结算金额	人民币(大写)	千 百 十 万 千 百 十 元 角 分	

申请人：________ 账号：________

出票行：________

行号：________

备注：________

凭票付款

出票行签章

密押：									
多余金额									
千	百	十	万	千	百	十	万	角	分

复核 记账

此联代理付款行付款后作联行往来账借方凭证附件

表 3-29

<table>
<tr><td colspan="3">被背书人

背书人签章
年 月 日</td><td colspan="2">被背书人

背书人签章
年 月 日</td><td rowspan="3">粘
贴
处</td></tr>
<tr><td rowspan="2">持票人向银行
提示付款签章：</td><td colspan="4">身份证件名称：　　发放机关：</td></tr>
<tr><td colspan="4">号码</td></tr>
</table>

表 3-30

付款期限
壹个月

中国××银行

银行汇票（解迄通知） 3　　汇票号码

<table>
<tr><td colspan="2">出票日期（大写）　年　月　日</td><td colspan="10">代理付款行：　　行号：</td></tr>
<tr><td colspan="2">收款人：</td><td colspan="10">账号：</td></tr>
<tr><td>出票金额</td><td colspan="11">人民币
（大写）</td></tr>
<tr><td rowspan="2">实际结算金额</td><td rowspan="2">人民币
（大写）</td><td>千</td><td>百</td><td>十</td><td>万</td><td>千</td><td>百</td><td>十</td><td>元</td><td>角</td><td>分</td></tr>
<tr><td></td><td></td><td></td><td></td><td></td><td></td><td></td><td></td><td></td><td></td></tr>
</table>

申请人：____________　　账号：____________

出票行：____________

行号：________

备注：________

代理付款行签章

<table>
<tr><td colspan="10">密押：</td><td rowspan="4">

复核　　记账</td></tr>
<tr><td colspan="10">多余金额</td></tr>
<tr><td>千</td><td>百</td><td>十</td><td>万</td><td>千</td><td>百</td><td>十</td><td>万</td><td>角</td><td>分</td></tr>
<tr><td></td><td></td><td></td><td></td><td></td><td></td><td></td><td></td><td></td><td></td></tr>
</table>

复核　　记账

此联代理付款行兑付后承受报单寄出票行，由出票行作多余款贷方凭证

表 3–31

付款期限
壹个月

中国××银行

银行汇票（多余款收账通知） 4　　　汇票号码

出票日期（大写）　年　月　日		代理付款行：　　行号：									
收款人：		账号：									
出票金额	人民币（大写）										
实际结算金额	人民币（大写）	千	百	十	万	千	百	十	元	角	分

申请人：____________　　账号：____________

出票行：____________

行号：________

备注：________

出票行签章

年　月　日

密押：										左列退回多余金额已收入你账户内
多余金额										
千	百	十	万	千	百	十	万	角	分	

此联出票行结算清多余款后交申请人

（四）银行汇票的特点

1. 票随人走，钱货两清

实行银行汇票结算，购货单位交款，银行开票，票随人走；购货单位购货给票，销售单位验票发货，一手交票，一手交货；银行见票付款。这样可以减少结算环节，缩短结算资金在途时间，方便购销活动。

2. 信用度高，安全可靠

银行汇票是银行在收到汇款人款项后签发的支付凭证，因而具有较高的信誉，银行保证支付，收款人持有票据，可以安全、及时地到银行支取款项。而且，银行内部有一套严密的处理程序和防范措施，只要汇款人和银行认真按照汇票结算的规定办理，汇款就能保证安全。一旦汇票丢失，如果确属现金汇票，汇款人可以向银行办理挂失，填明收款单位和个人，银行可以协助防止款项被他人冒领。

3. 使用灵活，适应性强

实行银行汇票结算，持票人可以将汇票背书转让给销货单位，也可以通过银行办理分次支取或转让，另外还可以使用信汇、电汇或重新办理汇票转汇款项，因而有利于购货单位在市场上灵活地采购物资。

4. 结算准确，余款自动退回

一般来讲，购货单位很难准确确定具体的购货金额，因而出现汇多用少的情况是不可避免的。在有些情况下，多余款项往往长时间得不到清算从而给购货单位带来不便和损失。而使用银行汇票结算则不会出现这种情况。单位持银行汇票购货，凡在汇票的金额之内，可根据实际采购金额办理支付，多余款项将由银行自动退回，这样可以有效地防止交易尾欠的发生。

二、银行汇票结算的基本规定

（一）银行汇票的签发和解付

银行汇票的签发和解付，只能由中国人民银行和商业银行参加全国联行往来的银行机构办理。跨系统银行签发的转账银行汇票的解付，应通过同城票据交换将银行汇票和解讫通知提交同城的有关银行审核支付后抵用。省、自治区、直辖市内和跨省、市的经济区域内，按照有关规定办理。在不能签发银行汇票的银行开户的汇款人需要使用银行汇票时，应将款项转交附近能签发银行汇票的银行办理。

（二）银行汇票一律记名

所谓记名是指在汇票中指定某一特定人为收款人，其他任何人都无权领款；但如果指定收款人以背书方式将领款权转让给其指定的收款人，其指定的收款人有领款权。

（三）银行汇票的起点金额

银行汇票没有起点金额的限制。

（四）银行汇票的付款期

银行汇票的付款期为1个月。这里所说的付款期，是指从签发之日起到办理兑付之日止的时期。这里所说的1个月，是指从签发日开始，不论月大月小，统一到下月对应日期止的1个月。比如签发日为3月5日，则付款期到4月5日止。如果到期日遇节假日可以顺延。逾期的汇票，兑付银行将不予办理。

三、银行汇票结算的基本程序

（1）申请单位的出纳人员向出票银行填写一式三联的“银行汇票申请书”，申请办理银行汇票。

（2）出票银行受理“银行汇票申请书”，收妥款项并签发汇票交出纳人员。

（3）申请人将银行汇票和解讫通知交收款人结算。

（4）收款人持银行汇票和解讫通知填写进账单，一并交开户行办理款项收款。

（5）收款人开户行转收款人收款通知。

（6）银行间划转款项。

（7）多余款项退还申请人。

银行汇票的结算程序见图3-3。

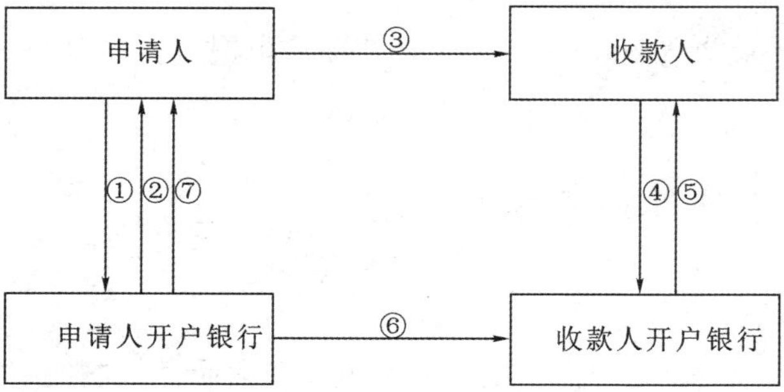

图 3-3　银行汇票的结算程序

说明:①申请汇票;②签发汇票;③持票结算;④送存汇票;⑤转收账通知;⑥划转款项;⑦余款退还。

四、银行汇票结算的账务处理

(一)付款方

付款方根据银行退回已签发的汇票和解讫通知联,贷记“银行存款”账户;根据银行转来的银行汇票“多余款收账通知”联所列金额,借记“银行存款”账户。

(二)收款方

收款方根据银行退回的进账单收账通知联及相关发票,借记“银行存款”账户。

【例 3-8】　北京宏达机器厂根据生产需要到西安榆林机床厂(开户行为工商行高新办,账号为 6300678)采购甲设备。2020 年 4 月 10 日向开户行工商银行枣扬办申请办理银行汇票。

(1)出纳人员填写一式三联“银行汇票业务委托书”(表 3-32),在“银行汇票业务委托书”上逐项写明委托人名称和账号、收款人名称和账号、兑付地点、汇款金额、汇款用途(军工产品可免填)等内容并加盖汇款人预留银行印鉴章,由银行审查后签发银行汇票。

(2)财会人员根据银行退回已签发的银行汇票及申请书存根联编制付款凭证(表 3-33)。

表 3–32

中国工商银行　　　　业务委托书

委托日期：2020年 4 月 10 日　　　　委托书号码

<table>
<tr><td>银行打印</td><td colspan="8"></td><td rowspan="4">第一联</td></tr>
<tr><td rowspan="9">客户打印</td><td colspan="2">业务类型</td><td colspan="3">□ 电汇 □ 信汇 □ 汇票申请书 □ 本票申请书
□ 其他______</td><td>汇款方式</td><td>□ 普通
□ 加急</td></tr>
<tr><td rowspan="4"></td><td>全称</td><td>北京宏达机器厂</td><td rowspan="4">收款人</td><td>全称</td><td colspan="2">西安瑜林机床厂</td></tr>
<tr><td>账号或地址</td><td>4819076</td><td>账号或地坦</td><td colspan="2">6300678</td></tr>
<tr><td>开户行名称</td><td>工商银行枣杨办</td><td>开户行名称</td><td colspan="2">工商行高新办</td><td></td></tr>
<tr><td>开户银行</td><td>北京市</td><td>开户银行</td><td colspan="2">西安省榆林市</td><td></td></tr>
<tr><td colspan="3">金额（大写）人民币伍万元整</td><td colspan="4">亿 | 千 | 百 | 十 | 万 | 千 | 百 | 十 | 元 | 角 | 分
 | | | ¥ | 5 | 0 | 0 | 0 | 0 | 0 | 0</td><td></td></tr>
<tr><td colspan="2">支付密码</td><td></td><td colspan="4" rowspan="4">上述款项及相关费用请从我账户内支付。
北京宏达机器厂财务专用章　李国印
委托人签章</td><td rowspan="4">记账联</td></tr>
<tr><td colspan="2">加急汇款签字</td><td></td></tr>
<tr><td colspan="2">用　途</td><td>购货款</td></tr>
<tr><td colspan="3">附加信息及用途：</td></tr>
</table>

事后监督：　　会计主管：　　复核：　　记账：

说明：

①委托日期：用小写填写申请当日的日期。

②业务类型：在选择的汇票申请书方式□内打"√"。

③委托人全称、账号或地址、开户行名称、开户银行：分别填写委托单位（即汇款单位）的名称、开户银行账号或地址、开户银行名称等相关信息。

④收款人全称、账号地址、开户行名称、开户银行：分别填写收款单位的名称、银行账号或地址、开户银行名称等相关信息。

⑤金额：与前述票据的填写相同。

⑥用途：填写所付款项的用途，如货款等。

⑦附加信息及用：填写需要说明的事项或银行汇票的用途。

表 3–33

付款凭证　　银付字第 04 号

贷方科目银行存款　　2020 年 04 月 10 日

摘要	总账科目	明细科目	借或贷	千	百	十	万	千	百	十	元	角	分	√
购买设备银行汇票付款	其他货币资金	银行汇票	借				5	0	0	0	0	0	0	
合　　计						¥	5	0	0	0	0	0	0	

附单据壹张

会计主管:孙立　记账:　出纳:　复核:　制单:吴静　受款人

【例 3–9】 北京宏达机器厂 2020 年 4 月 20 日收到银行转来银行汇票“多余款收账通知”联,通知该厂多余款项目 15 000 元已收存银行。

原始凭证见表 3–34 所示。

表 3–34

付款期限 壹个月

中国工商银行

银行汇票（多余款收账通知） 4　汇票号码

出票日期（大写） 贰零贰零 年 零肆 月 零贰拾 日　代理付款行：工商行高新办　行号XXXX

收款人：西安榆林机床厂　账号：6300678

出票金额 人民币（大写） 伍万元整

实际结算金额 人民币（大写） 叁万伍仟元整	千	百	十	万	千	百	十	元	角	分
			¥	3	5	0	0	0	0	0

申请人：北京宏达机器厂　账号：4819076

出票行：工商银行东扬办　行号：XXXX

备注：购设备

出票行签章

中国工商银行北京分行 东扬办支行 2020.03.20 业务受理章

XX年X月X日

密押：

左列退回多于金额已收入你账户内

多于金额

千	百	十	万	千	百	十	分	角	分
		¥	1	5	0	0	0	0	0

此联出票行结算请多余款后交申请人

记账凭证:财会人员根据银行转回的银行汇票“多余款收账通知”联,编制收款凭证(表 3–35)。

表 3–35

收 款 凭 证

银收 字第 04 号

借方科目 银行存款　　　　2020 年 04 月 10 日

摘 要	对方科目		借或贷	金额										√
	总账科目	明细科目		千	百	十	万	千	百	十	元	角	分	
收到银行汇票多余款	其他货币资金	银行汇票	贷				1	5	0	0	0	0	0	
	合　　计					¥	1	5	0	0	0	0	0	

附单据壹张

会计主管:孙立　　记账:　　出纳:　　复核:　　制单:吴静　　受款人:

任务五　委托收款结算方式

一、委托收款结算概述

(一)委托收款结算的概念

委托收款结算是收款人向银行提供收款依据,委托银行向付款人收取款项的一种结算方式。委托收款可以分为邮寄和电报划回两种,由收款人选用。

(二)委托收款适用的范围

委托收款是一种方便灵活、使用范围广泛、便于收款人主动收取款项的结算方式。这种结算方式不受金额起点的限制,也不受地区限制,同城和异地均可使用。

凡在银行或其他办理结算业务的金融机构开立账户的企事业单位和个体经营户,办理商品交易、劳务费用以及其他应收款项结算均可采用委托收款方式。在银行废止同城托收无承付结算方式后,对信用状况较好的企业也可以改用委托收款。

城镇公用服务事业单位向用户收取水费、电费、邮电费、煤气费等费用的结算,也可以采用委托收款。为了简化手续,方便收、付款单位,银行对上述有固定计量、计价标准,不易发生争议的费用结算,可以办理专用委托收款。收款单位按照合同规定的条款提供劳务,定期填制银行规定的专用委托收款凭证,连同有关单证送交其开户银行,办理委托收款，银行无须经由付款单位逐笔审查同意即可办理划款，转入收款人账户。办理这类结算业务的前提，必须是收付双方有协议，如发生争议，银行便终止办理。

（三）委托收款的种类

委托收款按凭证传递程序，分为邮寄和电报划回两种方式。

邮寄方式费用较低但速度慢，电报方式费用略高但速度较快，出纳人员应根据实际需要合理选择。

委托收款凭证有“委邮”委托收款凭证（邮寄划款）和“委电”委托收款凭证（电报划款）两种，均为一式五联。

第一联为“回单”，是收款单位开户银行给收款单位的回单联，格式见表 3-36。

第二联为“贷方凭证”，是收款单位委托开户银行办理托收款项后的贷方凭证，格式见表 3-37。

第三联为“借方凭证”，是付款单位开户银行支付货款的借方凭证联，格式见表3-38。

第四联为“收账通知”，是收款单位开户银行在款项收妥后，给付款单位是收账通知联，格式见表 3-39。

第五联为“付款通知”，是付款单位开户银行通知付款单位按期承付货款的承付通知，格式见表 3-40。

表 3-36

托收凭证（受理回单）　　　　1

委托日期①　　年　　月　　日

<table>
<tr><td colspan="2">业务类型②</td><td colspan="4">委托收款（□邮划、□电划）</td><td colspan="14">托收承付（□邮划、□电划）</td></tr>
<tr><td rowspan="3">付款人③</td><td>全称</td><td colspan="4"></td><td rowspan="3">收款人③</td><td>全称</td><td colspan="12"></td></tr>
<tr><td>账号</td><td colspan="4"></td><td>账号</td><td colspan="12"></td></tr>
<tr><td>地址</td><td>省　市
县</td><td>开户行</td><td colspan="2"></td><td>地址</td><td colspan="3">省　市
县</td><td colspan="4">开户行</td><td colspan="5"></td></tr>
<tr><td rowspan="2">金额④</td><td colspan="8" rowspan="2">人民币
（大写）</td><td>亿</td><td>千</td><td>百</td><td>十</td><td>万</td><td>千</td><td>百</td><td>十</td><td>元</td><td>角</td><td>分</td></tr>
<tr><td></td><td></td><td></td><td></td><td></td><td></td><td></td><td></td><td></td><td></td><td></td></tr>
<tr><td colspan="2">款项内容⑤</td><td></td><td>托收凭据名　称⑥</td><td colspan="4"></td><td colspan="4">附寄单证张数⑦</td><td colspan="8"></td></tr>
<tr><td colspan="3">商品发运情况⑧</td><td colspan="5"></td><td colspan="4">合同名称及号码⑨</td><td colspan="8"></td></tr>
<tr><td colspan="3">备注：

复核　　记账</td><td colspan="5">款项收妥日期

年　月　日</td><td colspan="12">收款人开户银行签章
年　月　日</td></tr>
</table>

此联作收款人开户银行给收款人的受理回单

说明：

①委托日期：填写办理托收当天的日期。

②业务类型：选择托收承付委托收款，并在相应的邮划电划前□打“√”。

③付款人、收款人的信息：按要求填写。

④金额：按结算金额分别填写大写金额和小写全额。

⑤款项内容：填写货款、水电费、电话费和债券等。

⑥托收凭证名称：填写商业汇票、发票、费用结算单和债权证书等。

⑦附寄单证张数：填写托收凭证的张数。

⑧商品发运情况：填写商品发运情况。

⑨合同名称号码：填写商品交易合同的号码。

表 3–37

托收凭证(贷方凭证)　　2

委托日期　　年　　月　　日

<table>
<tr><td colspan="2">业务类型</td><td colspan="4">委托收款(□邮划、□电划)</td><td colspan="5">托收承付(□邮划、□电划)</td></tr>
<tr><td rowspan="3">付款人</td><td>全称</td><td colspan="4"></td><td rowspan="3">收款人</td><td>全称</td><td colspan="3"></td></tr>
<tr><td>账号</td><td colspan="4"></td><td>账号</td><td colspan="3"></td></tr>
<tr><td>地址</td><td>省　市
县</td><td>开户行</td><td colspan="2"></td><td>地址</td><td>省　市
县</td><td>开户行</td><td></td></tr>
<tr><td rowspan="2">金额</td><td colspan="5" rowspan="2">人民币
(大写)</td><td colspan="5">亿 千 百 十 万 千 百 十 元 角 分</td></tr>
<tr><td colspan="5"></td></tr>
<tr><td colspan="2">款项内容</td><td></td><td>托收凭据名称</td><td colspan="2"></td><td colspan="2">附寄单证张数</td><td colspan="3"></td></tr>
<tr><td colspan="2">商品发运情况</td><td colspan="2"></td><td colspan="2">合同名称及号码</td><td colspan="5"></td></tr>
<tr><td colspan="3">备注：
收款人开户银行收到日期：
年　月　日</td><td colspan="3">上列款项随附有关债务证明，请予以办理。
收款人签章</td><td colspan="5">复核　　记账</td></tr>
</table>

此联作收款人开户银行作贷方凭证

表 3–38

托收凭证（借方凭证） 3

委托日期 年 月 日 付款期限 年 月 日

业务类型	委托收款（□邮划、□电划）				托收承付（□邮划、□电划）															
付款人	全称				收款人	全称														
	账号					账号														
	地址	省 市 县	开户行			地址	省 市 县	开户行												
金额	人民币（大写）									亿	千	百	十	万	千	百	十	元	角	分
款项内容		托收凭据名称			附寄单证张数															
商品发运情况			合同名称及号码																	
备注：付款人开户银行收到日期： 年 月 日		收款人开户银行签章 年 月 日			复核 记账															

此联作付款人开户银行作借方凭证

表 3–39

托收凭证（汇款依据或收账通知） 4

委托日期 年 月 日 付款期限 年 月 日

业务类型	委托收款（□邮划、□电划）				托收承付（□邮划、□电划）															
付款人	全称				收款人	全称														
	账号					账号														
	地址	省 市 县	开户行			地址	省 市 县	开户行												
金额	人民币（大写）									亿	千	百	十	万	千	百	十	元	角	分
款项内容		托收凭据名称			附寄单证张数															
商品发运情况			合同名称及号码																	
备注：复核 记账		上列款项已划回收入你方账户内。收款人开户银行签章 年 月 日																		

此联付款人开户行凭以汇款或收款人开记银行作收账通知

表 3-40

托收凭证(付款通知)　　5

委托日期　年　月　日　付款期限　年　月　日

<table>
<tr><td>业务类型</td><td colspan="4">委托收款(□邮划、□电划)</td><td colspan="5">托收承付(□邮划、□电划)</td></tr>
<tr><td rowspan="3">付款人</td><td>全称</td><td colspan="3"></td><td rowspan="3">收款人</td><td>全称</td><td colspan="3"></td></tr>
<tr><td>账号</td><td colspan="3"></td><td>账号</td><td colspan="3"></td></tr>
<tr><td>地址</td><td>省　市
县</td><td>开户行</td><td></td><td>地址</td><td>省　市
县</td><td>开户行</td><td></td></tr>
<tr><td>金额</td><td colspan="6">人民币
(大写)</td><td colspan="3">亿 千 百 十 万 千 百 十 元 角 分</td></tr>
<tr><td>款项内容</td><td colspan="2"></td><td>托收凭据名　称</td><td colspan="3"></td><td>附寄单证张数</td><td colspan="2"></td></tr>
<tr><td colspan="2">商品发运情况</td><td colspan="3"></td><td colspan="2">合同名称及号码</td><td colspan="3"></td></tr>
<tr><td colspan="3">备注:
付款人开户银行收到日期:
年　月　日
复核　记账</td><td colspan="3">付款人开户银行签章
年　月　日</td><td colspan="4">付款人注意:
1. 根据支付结算办法,上列委托收款(托收承付)款项在付款期限内未提出拒付,即视为同意付款,以此代付款通知。
2. 如需提出全部或部分拒付,应在规定期限内,将拒付理由书并附债务证明退交开户银行。</td></tr>
</table>

此联作付款人开户银行给付款人按期付款通知

二、委托收款结算的基本规定

(1)委托收款结算不受金额起点的限制。

(2)委托。这是指收款人向银行提交委托收款凭证和有关债务证明并办理委托收款手续的行为。委托收款凭证是如前所述的按规定填写的凭证;有关债务证明是指能够证明付款到期并应向收款人支付一定款项的证明。

(3)付款。这是指银行在接到寄来的委托收款凭证及债务证明,并经审查无误后向收款人办理付款的行为。根据《支付结算办法》的规定,银行可根据付款人的不同而在不同的时间付款,从而改变了原《银行结算办法》统一 3 天的付款期。具体如下:①以银行为付款人的,银行应在当日将款项主动支付给收款人;②以单位为付款人的,银行应及时通知付款人,按照有关办法的规定,需要将有关债务证明交给付款人的应交给付款人并签收。付款人应于接到通知的当日书面通知银行付款;如果付款人未在接到通知日的次日起 3 日内通知银行付款的,视同付款人同意付款,银行应于付款人接到通知日的次日起第 4 日上午开始营业时,将款项划给收款人。

(4)付款人拒绝付款。付款人审查有关债务证明后,对收款人委托收取的款项需要拒绝付款的,可以办理拒绝付款。付款人对收款人委托收取的款项需要全部拒绝付款的,应在付款期内填制"委托收款结算全部拒绝付款理由书",并加盖银行预留印鉴章,连同有关单证送交开户银行,银行不负责审查拒付理由,将拒绝付款理由书和有关凭证及单证寄给收款人开户银行转交收款人。需要部分拒绝付款的,应在付款期内出具"委托收款结算部分拒绝付款理由书",并加盖银行预留印鉴章,送交开户银行,银行办理部分划款,并将部分拒绝付款理由书寄给收款人开户银行转交收款人。

(5)无款支付的规定。付款人在付款期满日、银行营业终了前如无足够资金支付全部款项,即为无款支付。银行于次日上午开始营业时,通知付款人将有关单证(单证已作账务处理的,付款人可填制"应付款项证明书")在两天内退回开户银行,银行将有关结算凭证连同单证或应付款项证明书退回收款人开户银行转交收款人。

(6)付款人逾期不退回单证的,开户银行应按照委托收款的金额自发出通知的第3天起,每天处以0.5‰但不低于50元的罚金,并暂停付款人委托银行向外办理结算业务,直到退回单证时为止。

三、委托收款结算的基本程序

(一)委邮的结算程序

收款人委托本单位开户银行收款时,应填写委托收款凭证一式五联,连同有关收款单据送交开户银行。开户银行审查无误后,将第一联回单加盖印章后退给收款人,留下第二联作收款凭证,将第三、第四、第五联传给付款人开户银行。付款人开户银行收到传来的凭证后,将第五联付款通知传给付款人。当付款人同意付款或付款期满后,付款银行根据第三联支款凭证作付款处理,并编制邮划代收报单,连同第四联邮给收款人开户银行。此时付款人借记"应付账款"等账户,贷记"银行存款"账户。收款人开户银行收到付款银行邮来的第四联凭证和代收报单后,经核实予以转账,并将第四联收款通知传给收款人。收款人根据收款通知进行收款入账,借记"银行存款"等账户,贷记对应账户。

(二)委电的结算程序

委电结算的程序与委邮结算的程序基本相同,其区别在于传递收款通知的方式不同,当付款人同意付款后,付款银行将编制电划代收报单,采用发报的方式通知收款银行收款。委电凭证格式与委邮凭证相同,只是注明"委电"字样。

委托收款结算程序,见图3-4所示。

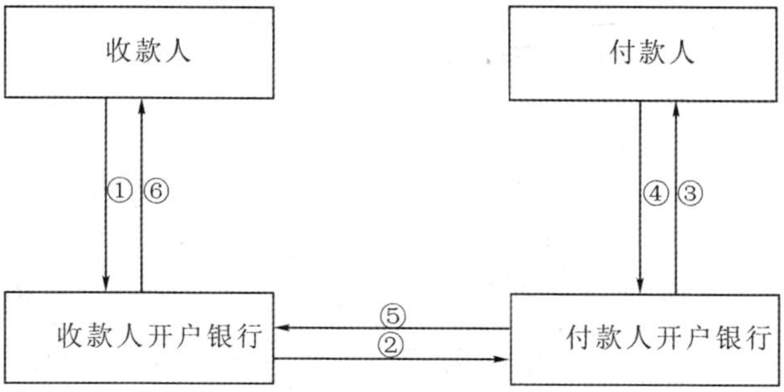

图 3-4　委托收款结算程序

说明:①委托银行办理收款;②传递凭证;③通知付款;④支付款项;⑤划转款项;⑥通知款已收到。

四、委托收款结算的账务处理

收款方办妥委托收款手续后,根据银行盖章退回的托收凭证的“受理回单”联,借记“应收账款”账户,贷记“主营业务收入、应交税费——应交增值税(销项税额)”等账户;收款方根据银行寄回的托收凭证的“汇款依据或收账通知”联,借记“银行存款”账户,贷记“应收账款”账户。

付款方在承认付款后,根据银行寄回的托收凭证的“付款通知”联,借记“材料采购、应交税费——应交增值税(进项税额)”等账户,贷记“银行存款”账户。

【例 3-10】　北京宏达机器厂向洛阳市创智公司(开户行:工商银行闽江分理处,账号:8765321)销售 A 商品 1 000 件,单价 5 元,计 5 000 元,增值税 650 元。商品已发送,2020 年 3 月 15 日宏达机器厂向开户行工商银行枣扬办(账号:4819076)办理邮划方式的委托收款手续。合同号码为 20200315,2020 年 3 月 18 日,北京宏达机器厂收到开户行的收款通知,收到洛阳市创智公司支付的 3 月 15 日的购货款。

(1)出纳人员填写托收凭证(表 3-41)。

(2)财会部门根据银行退回的托收凭证“受理回单”联和收款通知等编制收款记账凭证(表 3-42)。

表 3-41

<table>
<tr><td colspan="9">中国工商银行托收凭证（受理回单）
委托日期 2020 年 3 月 18 日</td></tr>
<tr><td>业务类型</td><td colspan="8">委托收款（☑邮划、☐电划）　　托收承付（☐邮划、☐电划）</td></tr>
<tr><td rowspan="3">付款人</td><td>全称</td><td colspan="2">洛阳市创智公司</td><td rowspan="3">收款人</td><td>全称</td><td colspan="3">北京宏达机器厂</td></tr>
<tr><td>账号</td><td colspan="2">8765321</td><td>账号</td><td colspan="3">4819076</td></tr>
<tr><td>地址</td><td>河南省洛阳市县</td><td>开户行 工商行闵江分理处</td><td>地址</td><td>省 市县</td><td>开户行</td><td>工商行枣扬办</td></tr>
<tr><td>金额</td><td colspan="4">人民币（大写）伍仟陆佰伍拾元整</td><td colspan="4">亿 千 百 十 万 千 百 十 元 角 分
¥ 5 6 5 0 0 0</td></tr>
<tr><td>款项内容</td><td>货款</td><td>托收凭据名称</td><td colspan="2">销售发票</td><td colspan="2">附寄单证张数</td><td colspan="2"></td></tr>
<tr><td colspan="2">商品发运情况</td><td>已发送</td><td colspan="2">合同名称及号码</td><td colspan="4">20200315</td></tr>
<tr><td colspan="3">备注：

复核　　记账</td><td colspan="3">款项收妥日期

年　月　日</td><td colspan="3">中国工商银行北京分行
枣扬办支行
2020.03.20
业务受理章
收款人开户银行签章
年　月　日</td></tr>
</table>

此联作收款人开户银行给收款人的受理回单

表 3-42

收款凭证

银收 字第 05 号

借方科目 银行存款　　2020 年 03 月 18 日

摘要	对方科目		借或贷	金额										√
	总账科目	明细科目		千	百	十	万	千	百	十	元	角	分	
收到货款	应收账款		贷					5	6	5	0	0	0	
合　　计							¥	5	6	5	0	0	0	

附单据壹张

会计主管：孙立　　记账：　　出纳：　　复核：　　制单：吴静　　受款人：

任务六　电子支付

一、电子支付的概念

电子支付是指单位、个人(以下简称客户)直接或授权他人通过电子终端向银行发出支付指令,实现货币支付与资金转移的行为。

这里的电子终端是指客户可用来发起电子支付指令的计算机、电话,销售点终端、自动柜员机、移动通信工具或者其他电子设备等。也就是说电子支付不仅仅是通过计算机实现"无纸化",打电话通过电话银行进行支付也属于电子支付的范畴。

二、电子支付种类

根据发起电子支付指令终端的不同,电子支付可以分为:

(1)网上支付,也就是通过网上银行支付。是付款人通过网络与银行之间的支付接口进行款项交易的一种即时支付方式,是目前运用较多的支付类型。相较于传统结算方式简单快捷,而且又能随时查询,因此被广泛采用。

(2)电话支付,也就是通过电话银行支付。

(3)移动支付,最常见的是通过移动短信确认来完成的支付,款项直接从手机话费中扣除。

(4)销售点终端交易,也就是平时用的刷卡支付方式,请参阅第四节提到的银行卡。

(5)自动柜员机交易,也就是到银行设的自动柜员机根据提示办理转账支付。

(6)其他电子支付。

三、电子支付业务的办理

(一)电子支付业务的申请

(1)客户提出办理电子支付业务的申请。

(2)银行与客户以书面或电子方式签订电子支付合同或协议。

(二)电子支付相关数据的保存期限

为了使"无纸化"的电子支付在日后有据可查,《电子支付指引(第一号)》做出了相应规定:

(1)客户提出终止电子支付协议或银行停止为客户办理电子支付业务的,银行应当按会计档案管理的要求妥善保存客户的申请资料,保存期限至电子支付业务终止后

5 年。

(2)银行为客户电子支付提供纸质或电子交易回单所形成的日志文件等记录,应保存至交易终止后 5 年。

(3)使用电子支付的企业,应按照会计档案管理的要求,对电子支付交易数据,以纸介质或磁性介质的方式妥善保存,保存期限为 5 年。

(三)限制电子支付金额

(1)除特殊情况外,银行客户办理电子支付业务、单位客户从银行结算账户支付个人银行结算户的数项,单笔金额不得超过 5 万元人民币。但银行与客户通过协议约定,能够事先提供有效付款依据的除外。

(2)银行应在客户的信用卡授信额度内,设定用于网上支付交易的额度供客户选择,但该额度不得超过信用卡的预借现金额度。

(四)差错的责任承担

电子支付业务有时会出现差错,一旦发现差错,应当遵守据实、准确和及时的原则进行处理。

(1)因银行自身系统,内控制度或为其提供服务的第三方服务机构的原因,造成电子支付指令无法按约定时间传递、传递不完整或被篡改,并造成客户损失的,银行应按约定予以赔偿。

(2)因第三方服务机构的原因造成客户损失的,银行应先予以赔偿,再根据与第三方服务机构的协议进行追偿。

(3)因客户原因造成自身损失的,应当由客户自己承担损失责任。

(4)因银行(包括第三方服务机构)和客户共同的原因造成损失的,应当依据各自的过错大小,由相应的责任人承担相应的过错责任。

四、电子支付程序

(一)网上支付的申请流程

企业只要在银行开立相关账户,就可以向开户行申请开通网上支付。以中国工商银行为例,网上支付申请流程见图 3-5。

不同银行需要的申请材料可能不太一样,企业可根据自身资金账户办理,向相应的银行申请,不同的银行收取的手续费不一致,具体需询当地各银行。

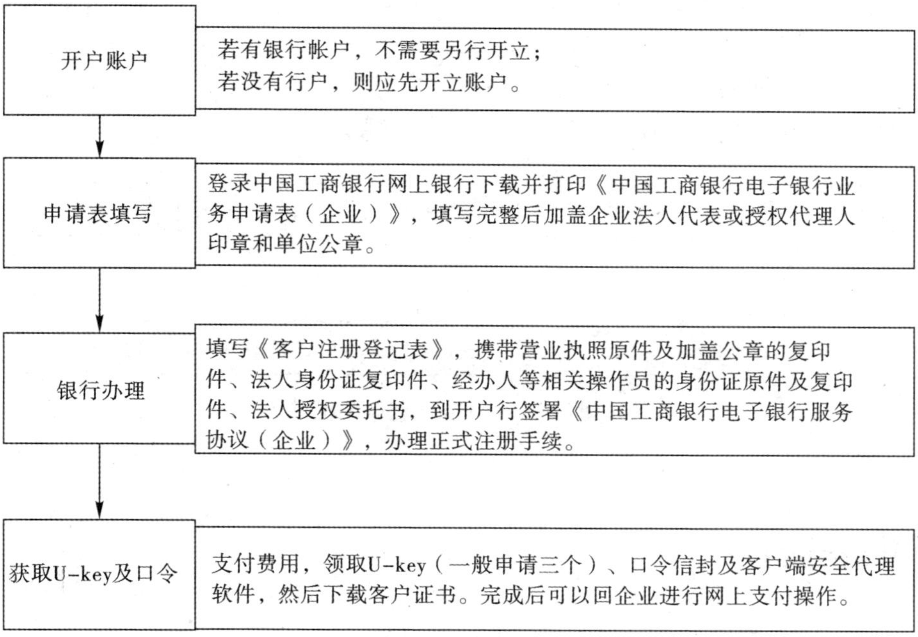

图 3-5　网上支付申请流程

(二)网上支付的结算流程

以工商银行的“账户支付”为例,见图 3-6。具体的操作步骤及方法如下:

第一步,出纳人员录入信息

(1)进入中国工商银行网站,下载并安装企业网银助手,安装完毕后,登录企业网上银行。

(2)进入中国工商银行企业网上银行首页,点击付款业务—网上汇款—提交指令—逐笔支付进入逐笔支付界面。在逐笔支付界面中输入收款单位信息、汇款金额及汇款方式,核对无误后点击确认。

(3)进入输入验证码界面。在输入验证码文本框中输入验证码,点击确定。

(4)弹出选择证书界面。在选择证书对话框中选择对应的安全证书,点击确定。

(5)弹出输入密码。在输入密码对话框中输入密码,点击确定。

(6)弹出您的数据签名信息界面,点击确定,完成汇款操作指令。

第二步,会计主管审核信息

(1)复核员登录企业网上银行首页,点击付款业务—网上汇款—批准指令—逐笔支付,进入到批准汇款指令查询界面。在批准汇款指令查询界面中,设置查询条件,点击确定,查询出需要批准的汇款业务,选择需要批准的汇款业务,点击批准。

(2)弹出选择证书界面。在选择证书对话框中选择对应的安全证书,点击确定。

(3)弹出输入密码。在输入密码对话框中输入密码,点击确定。

(4)弹出您的数据签名信息界面,点击确定,完成批准汇款操作指令。

第三步,出纳人员登记银行存款日记账

(1)操作员取回银行转账付款通知。

(2)根据转账凭证付款通知登记银行存款日记账。

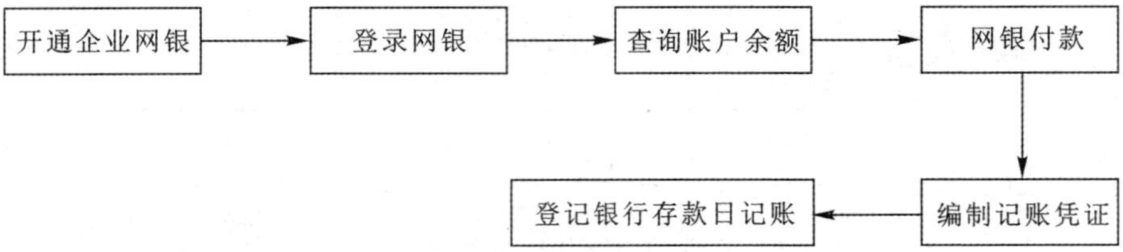

图3-6 网上银行付款流程

【复习思考题】

1. 银行结算的基本要求有哪些?
2. 结算凭证的填写要求有哪些?
3. 委托收款的适用范围有哪些?
4. 票据包括哪些基本内容?
5. 转账支票与现金支票有哪些不同?
6. 银行汇票的特点有哪些?
7. 电子银行的种类有哪些?

项目四

银行结算业务(二)

课前导读

【学习内容】 本章主要阐释汇兑、异地托收承付和商业汇票等结算方式。

【学习目标】 通过对本章的学习,了解并熟悉汇兑、异地托收承付和商业汇票等结算方式的概念、适用范围、运营程序等内容,掌握各种结算方式的优劣特点和账务处理,能够灵活运用各种结算方式。

任务一 汇兑结算方式

一、汇兑结算概述

(一)汇兑结算的概念和适用范围

汇兑是汇款人委托银行将其款项支付给收款人的结算方式。

汇兑适用于汇款人和异地单位或个人之间的各种往来款项的结算,包括单位之间的各种款项划拨、个人退休费或劳务费支付的结算。

汇兑结算手续简便易行,使用灵活方便,因而适用范围极为广泛。

(二)汇兑的种类

汇兑根据划转款项的方法不同以及传递方式的不同,可分为信汇和电汇两种,由汇款人根据实际需要选择使用。

1. 信汇

信汇是付款人委托银行通过邮寄单证给收款人所在地银行(汇入行),指示汇入行向收款人解付一定金额的汇款方式。信汇凭证的格式见表4-1。

表 4-1

银行　信汇凭证（回单）

□普通　□加急　　　　委托日期　　　年　月　日

<table>
<tr><td rowspan="3">汇款人</td><td>全 称</td><td></td><td rowspan="3">收款人</td><td>全 称</td><td colspan="11"></td></tr>
<tr><td>账 号</td><td></td><td>账 号</td><td colspan="11"></td></tr>
<tr><td>汇出地点</td><td>省　　市/县</td><td>汇入地点</td><td colspan="11">省　　市/县</td></tr>
<tr><td colspan="2">汇出行名称</td><td></td><td colspan="2">汇入行名称</td><td colspan="11"></td></tr>
<tr><td rowspan="2">金额</td><td colspan="4" rowspan="2">人民币
（大写）</td><td>亿</td><td>千</td><td>百</td><td>万</td><td>十</td><td>万</td><td>千</td><td>十</td><td>元</td><td>角</td><td>分</td></tr>
<tr><td></td><td></td><td></td><td></td><td></td><td></td><td></td><td></td><td></td><td></td><td></td></tr>
<tr><td colspan="3"></td><td colspan="2">支付密码</td><td colspan="11"></td></tr>
<tr><td colspan="3">汇出行签章</td><td colspan="13">附加信息及用途：

复核　　　　记账</td></tr>
</table>

此联汇出行给汇款人的回单

信汇凭证一式四联：

第一联为“回单联”，此联是汇出行给汇款人的回单；

第二联为“借方凭证”，此联是汇出行办理汇款人账户付款的支款凭证；

第三联为“贷方凭证”，此联是汇入行办理汇入款的收款凭证；

第四联为“收款通知”，此联是汇入行给收款人的收款通知凭证。

2. 电汇

电汇是付款人委托银行通过电报传给收款人所在地银行（汇入行），指示汇入行向收款人解付一定金额的付款方式。电汇凭证的格式见表 4-2。

表 4-2

银行 电汇凭证（回单）

□普通 □加急 委托日期 年 月 日

<table>
<tr><td rowspan="3">汇款人</td><td>全称</td><td></td><td rowspan="3">收款人</td><td>全称</td><td></td></tr>
<tr><td>账号</td><td></td><td>账号</td><td></td></tr>
<tr><td>汇出地点</td><td>省 市/县</td><td>汇入地点</td><td>省 市/县</td></tr>
<tr><td colspan="2">汇出行名称</td><td></td><td colspan="2">汇入行名称</td><td></td></tr>
<tr><td>金额</td><td colspan="4">人民币
（大写）</td><td>亿 千 百 万 十 万 千 十 元 角 分</td></tr>
<tr><td colspan="3"></td><td colspan="2">支付密码</td><td></td></tr>
<tr><td colspan="3">汇出行签章</td><td colspan="3">附加信息及用途：
复核 记账</td></tr>
</table>

此联汇出行给汇款人的回单

电汇凭证一式三联：

第一联为“回单联”，此联是汇出行给汇款人的回单；

第二联为“借方凭证”，此联是汇出银行办理付款人账户付款的支款凭证；

第三联为“汇款依据”，此联是汇出行凭以汇出款项的凭证。

二、汇兑结算的基本规定

1. 金额起点的规定

汇兑结算没有金额起点的限制，不论汇款金额多少，均可以办理信汇或电汇结算。

2. 支取现金的规定

付款人在信汇或电汇凭证“汇款金额”大写金额栏中注明“现金”字样的，收款人需携带本人身份证或汇入地有关单位足以证实收款人身份的证明，到银行一次性办理现金支付手续。

3. 留行待取的规定

（1）汇款人将款项汇往异地需派人领取的，应在签发的汇兑凭证各联“收款人账号或地址”上注明“留行待取”字样。留行待取的汇款，需要指定单位的收款人领取汇款的，应注明收款人的单位名称；信汇凭收款人签章支取的，应在信汇凭证上预留其签章。

（2）款项汇入异地后，收款人必须提交本人身份证或汇入地有关单位足以证实收款人身份的证明，到银行办理支取款项；如信汇凭印鉴支取的，收款人必须持与预留签章相符的印章，经银行验证无误后，方可办理支款手续。

4. 退汇的规定

汇款人对银行已经汇出的款项可以申请退汇。

（1）汇款人出具正式函件或本人身份证以及原信汇、电汇回单，向汇出行办理退汇。

（2）银行审查后，通知汇入银行，经汇入银行核实汇款确未支付的，方可办理退汇。

（3）汇入银行对于收款人拒绝接受的汇款，应立即办理退汇；汇入银行对于向收款人发出取款通知经过 2 个月无法交付的汇款，应主动办理退汇。

三、汇兑结算的基本程序

（一）办理汇款

（1）签发并正确填制汇款凭证，委托开户银行办理汇兑手续。

（2）开户银行审核无误后，受理汇兑，并向汇款人签发汇款回单。

（二）划转汇款并通知收款

（1）汇出银行受理汇款人签发的汇兑凭证后，及时向汇入银行办理汇款。

（2）汇入银行应将汇入款项直接转入收款人的账户，并向其发出收款通知。

汇兑结算的具体程序见图 4-1。

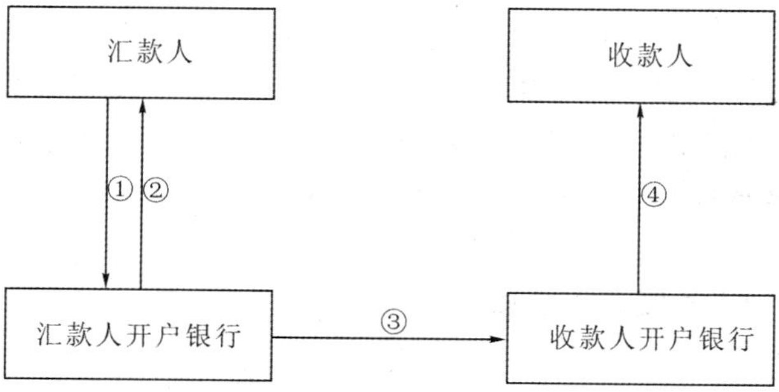

图 4-1　汇兑结算程序

说明：①汇款人委托银行办理汇款；②银行受理并退回回单；③银行之间划转款项；④银行通知收款人汇款已到。

四、汇兑结算的账务处理

（一）付款方

付款方委托开户银行汇出款项时，根据汇出银行盖章退回的汇兑凭证回单联，贷记“银行存款”账户。

（二）收款方

收款方在收到银行转入的汇兑凭证“收账通知”联后，借记“银行存款”账户。

【例 4-1】　2020 年 3 月 15 日北京宏达机器厂以汇兑结算方式，委托开户银行工商银行枣扬办支行（账号：6324432）将 56 000 元电汇至上海南方钢管厂工商银行东岗办设立的采购专户（账号：3678459），准备购入钢管。

（1）出纳人员填列一式三联电汇凭证（表 4-3）。

表 4-3

中国工商银行　电汇凭证（回单）

□普通　□加急　　　委托日期　　2020 年 03 月 15 日

<table>
<tr><td rowspan="3">汇款人</td><td>全称</td><td colspan="2">北京宏达机器厂</td><td rowspan="3">收款人</td><td>全称</td><td colspan="11">上海南方钢管厂</td><td rowspan="9">此联汇出行给汇款人的回单</td></tr>
<tr><td>账号</td><td colspan="2">6324332</td><td>账号</td><td colspan="11">3678459</td></tr>
<tr><td>汇出地点</td><td colspan="2">×省北京市/县</td><td>汇入地点</td><td colspan="11">×省上海市/县</td></tr>
<tr><td colspan="2">汇出行名称</td><td>工商银行枣扬办</td><td colspan="2">汇入行名称</td><td colspan="12">工商银行东岗办</td></tr>
<tr><td rowspan="2">金额</td><td rowspan="2" colspan="5">人民币（大写）伍万陆仟元整</td><td>亿</td><td>千</td><td>百</td><td>万</td><td>十</td><td>万</td><td>千</td><td>十</td><td>元</td><td>角</td><td>分</td></tr>
<tr><td></td><td></td><td></td><td></td><td>¥</td><td>5</td><td>6</td><td>0</td><td>0</td><td>0</td><td>0</td></tr>
<tr><td colspan="3"></td><td colspan="2">支付密码</td><td colspan="12">××××××</td></tr>
<tr><td colspan="3" rowspan="2">中国工商银行北京分行
枣扬办支行
2020.03.15
汇出行签章</td><td colspan="14">附加信息及用途：开设采购专户备购采料</td></tr>
<tr><td colspan="14">复核×××记账×××</td></tr>
</table>

（2）财会人员根据电汇凭证回单联编制付款凭证（表 4-4）

表 4-4

付款凭证

银付字第 001 号

贷方科目银行存款　　　　2020 年 03 月 15 日

摘要	总账科目	明细科目	借或贷	金额 千	百	十	万	千	百	十	元	角	分	√
汇兑结算	其他货币资金	外埠存款	借				5	6	0	0	0	0	0	
合计						¥	5	6	0	0	0	0	0	

附单据壹张

会计主管：孙立　　记账：　　出纳：　　复核：　　制单：吴静　　受款人

任务二　托收承付结算方式

一、托收承付结算概述

（一）托收承付结算的概念

托收承付全称异地托收承付，是收款人按照合同向付款人供货后，委托银行向付款人收取款项的一种结算方式。这种结算方式主要用于计划调拨商品交易，银行承担一定的监督责任。具体地说，收款人根据合同条款的规定提供货物后，委托银行向付款人收取款项；付款人接到付款通知后，在一定时间内按照合同核对交易单证或验收货物，承诺付款，银行办理划款。当付款人不履约如期付款时，银行监督还款并收取延付滞纳金。

（二）托收承付结算的特点

异地托收承付具有适用范围较窄、监督严格和风险较高的特点。

首先，异地托收承付目前仅限于收、付款单位为国有企业，供销合作社及经营管理较好、开户银行审查同意的城乡集体所有制工业企业间使用。其办理托收承付的款项必须是商品交易以及因商品交易产生的劳务供应款项。收付双方办理托收承付必须签订符合《合同法》规定的购销合同，并且在合同上列明使用托收承付结算方式。

其次,异地托收承付结算的监督较为严格,各付款人开户行收到收款人开户行寄来的托收凭证及交易单证后要进行严格审查,审核无误后,银行办理相关手续,将付款通知交给付款人。托收、承付的每一个环节都在银行的严格监督下进行。

最后,银行办理托收业务时,既没有检查货运单据是否正确或是否完整的义务,也没有承担付款人必须付款的责任。托收虽然是通过银行办理,但银行只是作为收款人的受托人行事,并没有承担付款的责任,付款人不付款与银行无关。所以这一结算方式存在一定风险。

(三)托收承付的种类

异地托收承付结算款项按划回方法,分邮寄和电报两种,由收款人选用。

托收承付结算凭证的格式见表4–5。

表4–5

中国××银行托收承付结算凭证(回单)

委托日期:　　　　　　　　　年　月　日

<table>
<tr><td rowspan="3">付款人</td><td>全称</td><td colspan="3"></td><td rowspan="3">收款人</td><td>全称</td><td colspan="10"></td></tr>
<tr><td>账号或地址</td><td colspan="3"></td><td>账号或地址</td><td colspan="10"></td></tr>
<tr><td>开户银行</td><td></td><td>行号</td><td></td><td>开户银行</td><td colspan="10"></td></tr>
<tr><td rowspan="2">托收金额</td><td colspan="6" rowspan="2">人民币
(大写)</td><td>千</td><td>百</td><td>十</td><td>万</td><td>千</td><td>百</td><td>十</td><td>元</td><td>角</td><td>分</td></tr>
<tr><td></td><td></td><td></td><td></td><td></td><td></td><td></td><td></td><td></td><td></td></tr>
<tr><td colspan="2">附　件</td><td colspan="3">商品发运情况</td><td colspan="12">合同名称号码</td></tr>
<tr><td>附寄单证张数或册数</td><td></td><td colspan="3"></td><td colspan="12"></td></tr>
<tr><td colspan="2">备注</td><td colspan="4">款项收妥日期
年　月　日</td><td colspan="11">收款人开户银行盖章
年　月　日</td></tr>
</table>

此联是收款人开户银行给收款人的回单。

邮寄和电报两种结算凭证均为一式五联。第一联回单,是收款人开户行给收款人的回单;第二联委托凭证,是收款人委托开户行办理托收款项后的收款凭证;第三联支款凭证,是付款人向开户行支付货款的凭证;第四联收款通知,是收款人的开户行在款项收妥后给收款人的收款通知;第五联承付通知,是付款人开户行通知付款人按期承付货款承付(支款)通知。

二、托收承付结算的基本规定

（一）托收承付结算金额起点的规定

托收承付结算每笔的金额起点为10 000元，新华书店系统托收承付结算每笔的金额起点为1 000元。

（二）托收承付结算付款期的规定

托收承付结算付款期的长短取决于承付货款的方式。承付货款分为验单付款和验货付款两种方式，由收付双方商量选用，并在合同中明确规定。

验单承付是指付款方接到其开户银行转来的承付通知和相关凭证，并与合同核对相符后，就必须承认付款的结算方式。验单承付的承付期为3天，从付款人开户银行发出承付通知的次日算起，遇假日则顺延。

验货承付是指付款单位除了验单外，还要等商品全部运达并验收入库后才承付货款的结算方式。验货承付的承付期为10天，从承运单位发出提货通知的次日算起，遇假日顺延。

（三）拒绝付款的规定

付款方若在验单或验货时发现货物的品种、规格、数量、质量、价格等与合同规定不符，可在承付期内提出部分或全部拒付的意见。拒付款项时，填写“拒绝承付理由书”送交其开户银行审查并办理拒付手续。应注意的是，拒付货款的商品是对方所有，必须为其妥善保管。付款人在承付期内未向开户银行提出异议，银行做默认承付处理，在承付期满的次日上午将款项主动从付款方账户划转到收款方账户。

付款方在承付期满后，如果其银行账内没有足够的资金承付货款，其不足部分做延期付款处理。延期付款部分要按一定的比例支付给收款方赔偿金。待付款方账内有款支付时，由付款方开户银行将欠款及赔偿金一并划转给收款人。

（四）托收承付的基本规定

（1）结算的款项必须是商品交易，以及因商品交易而产生的劳务供应的款项，代销、寄销、赊销商品的款项，不得办理托收承付结算。

（2）收付双方使用托收承付结算必须签有符合《合同法》的购销合同，并在合同上说明使用异地托收承付结算方式。

（3）收付双方办理托收承付结算，必须重合同、守信用。

（4）收款人办理托收，必须有商品确已发运的证件（包括铁路、航运、公路等运输部门签发的运单、运单副本和邮局包裹回执等）。

三、托收承付结算的基本程序

(一)托收

收款人按照签订的购销合同发货后,委托银行办理托收。

(1)出纳人员填制托收承付结算凭证。

(2)开户银行审查无误受理托收。

(二)承付

(1)付款人接银行付款通知后,在承付期内验单或验货核对。

(2)向开户银行承认付款。

托收承付结算的具体程序见图4-2。

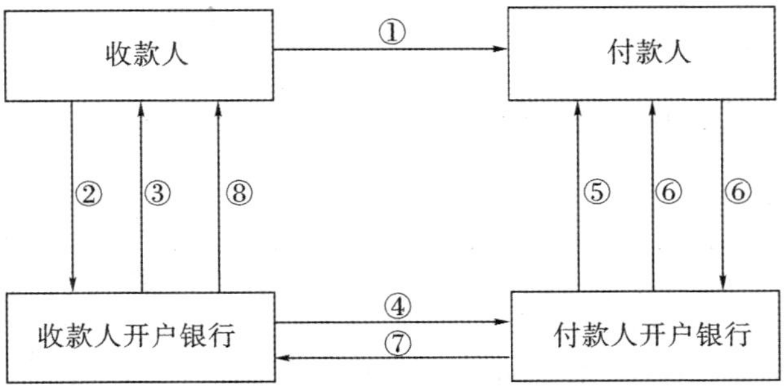

图4-2 托收承付结算程序

说明:①发出商品;②委托银行收款;③退回回单;④传递托收凭证;⑤通知付款;⑥承付货款;⑦划转款项;⑧通知收款。

四、托收承付结算的账务处理

(一)收款方托收

(1)托收时,收款方根据开户银行退回的托收承付结算凭证的回单联以及有关单证,作如下会计分录。

1)托收的货款。

借:应收账款 ×××

　　贷:主营业务收入 ×××

　　　　应交税费—应交增值税(销项税额) ×××

2)托收的垫付运杂费。

借:应收账款 ×××

　　贷:银行存款或库存现金 ×××

(2)收款时,收款人收到开户银行转来的托收承付结算凭证收款通知联后,作如下会计分录。

借:银行存款　　×××

　　贷:应收账款　　×××

(二)付款方承付

付款方承付托收款项后,应根据托收承付结算凭证的付款通知联和所附的发票、运单等单据,作如下会计分录。

借:材料采购　　×××

　　应交税费——应交增值税(进项税额)　　×××

　　贷:银行存款　　×××

【例 4-2】 北京宏达机器厂采用异地托收承付方式向大连圣亚公司(开户行:工商银行八一路支行,账号:8561234)销售商品 180 000 元,另外代垫运费 4 000 元,已用转账支票支付。商品已发出,2020 年 5 月 25 日宏达机器厂向开户行工商银行枣扬办(账号:4819076)办理托收承付手续。

(1)托收的代垫运杂费。(表 4-6)

表 4-6

工商银行 转账支票存根 10319210	
科　目	应收账款
对方科目	银行存款
出票日期	2020年5月25日
收款人	北京宏达机器厂
金额	¥4,000.00
用途	代垫运费
单位主管	会计

工商银行转账支票

出票日期(大写)贰零贰零 年 伍 月 贰拾伍 日		付款行名称:工商银行枣扬办	
收款人		出票人账号:	4819076
人民币(大写)	肆仟元整	千 百 十 万 千 百 十 元 角 分	¥ 4 0 0 0 0 0
用途	代垫运费	科　目(借)	应收账款
上列款项请从我账户内支付		对方科目(贷)	银行存款
出票人签章	北京宏达	转账日期	2020年5月25日
		复核	记账

本支票付款期限十天

(2)办妥托收手续后,根据银行转来的托收凭证的第一联(表 4-7)和发票(表 4-8)等有关单证编制转账凭证(表 4-9)

表 4–7

中国××银行托收承付结算凭证（回单）

委托日期：　　　　　　　　2020 年 05 月 25 日

付款人	全称	大连圣亚公司	收款人	全称	北京宏达机器厂
	账号或地址	8561234		账号或地址	4819076
	开户银行	工商银行八一路支行		开户银行	工商银行枣扬办

托收金额	人民币（大写）壹拾捌万元整	千	百	十	万	千	百	十	元	角	分
			¥	1	8	0	0	0	0	0	0

附件		商品发运情况	合同名称号码
附寄单证张数或册数	1		
备注	款项收妥日期 年　月　日		中国工商银行北京分行 枣扬办支行 2020.05.25 收款人开户银行盖章 2020 年 5 月 25 日

表 4–8

北京增值税专用发票　№

全国统一发票监制　国家税务总局监制

此联不作报销、扣税凭证使用

开票日期：

税总函[2020]XX号XXXX公司

购买方	名　　称：大连圣亚公司 纳税人识别号： 地址、电话： 开户行及账号：				密码区		
货物或应税劳务、服务名称	规格型号	单位	数量	单价	金额	税率	税额
商品					15292.04	13%	20707.96
合计					¥180000.00		¥20707.96
价税合计（大写）	人民币壹拾捌万元整				（小写）¥180000.00		
销售方	名　　称：北京宏达机器厂 纳税人识别号： 地址、电话： 开户行及账号：				备注		

收款人：　　　　复核：　　　　开票人：　　　　销售方：（章）

第一联：记账联　销售方记账凭证

表 4-9

转 账 凭 证

转字第 001 号

2020 年 05 月 25 日

摘 要	总账科目	明细科目	借方金额									贷方金额									√
			百	十	万	千	百	十	元	角	分	百	十	万	千	百	十	元	角	分	
销售商品	应收账款	大连圣亚公司		1	8	0	0	0	0	0	0										
	主营业务收入												1	5	9	2	9	2	0	4	
	应交税费	应交增值税（销项税额）												2	0	7	0	7	9	6	
合 计			¥	1	8	0	0	0	0	0	0	¥	1	8	0	0	0	0	0	0	0

会计主管 吴林　　记账 张静　　出纳　　复核　　制单人

任务三　商业汇票结算方式

一、商业汇票概述

（一）商业汇票的概念

商业汇票是收款人或付款人（或承兑申请人）签发，由承兑人承兑，并于到期日向收款人或被背书人支付款项的票据。商业汇票结算，是利用商业汇票来办理款项结算的一种银行结算方式。

（二）商业汇票适用的范围

商业汇票结算方式适用于同城或异地在银行开立存款账户的法人以及其他组织之间，根据购销合同进行合法商品交易所发生的款项结算。

（三）商业汇票的种类

商业汇票按其承兑人不同，可分为银行承兑汇票和商业承兑汇票两种。

1. 银行承兑汇票

银行承兑汇票是指收款人或承兑申请人签发，由承兑申请人向开户银行提出申请，经银行审查同意承兑的票据（表 4-10）。银行承兑汇票的出票人必须具备下列条件：

(1)在承兑银行开立存款账户的法人及其他组织。

(2)与承兑银行具有真实的委托付款关系。

(3)资信状况良好,具有支付汇票金额的可靠资金来源。

(4)提供一部分保证金,对不足部分提供符合条件的第三人担保或财产抵押。

表 4-10

银行承兑汇票　　2　　31300052 24655943

出票日期（大写）　　年　　月　　日

出票人全称		收款人	全　称	
出票人账号			账　号	
付款行全称			开户银行	
出票金额	人民币（大写）			亿 千 百 十 万 千 百 十 元 角 分
汇票到期日（大写）		付款行	行号	
承兑协议编号			地址	
本汇票请你行承兑，到期无条件付款 出票人签章		本汇票已承兑，到期日由本行付款。 承兑行签章 承兑日期　年　月　日 备注:		密押 复核记账

此联收款人开户行随托收凭证寄付款行作借方凭证附件

2. 商业承兑汇票

商业承兑汇票是指由收款人签发并交付款人承兑的票据,或者由付款人签发并承兑的票据(表 4-11)。

商业承兑汇票的出票人,应为在银行开立账户的法人以及其他组织,并且与付款人存在真实的委托付款关系,具有支付汇票金额的可靠资金来源。

表 4-11

银行承兑汇票　　2　　31300052 31613351

出票日期（大写）　　年　　月　　日

出票人全称		收款人	全 称											
出票人账号			账 号											
付款行全称			开户银行											
出票金额	人民币（大写）			亿	千	百	十	万	千	百	十	元	角	分
汇票到期日（大写）		付款行	行号											
承兑协议编号			地址											
本汇票请你行承兑，到期无条件付款。 出票人签章		本汇票已经承兑，到期日由本行付款。 承兑行签章 承兑日期　年　月　日 备注:		密押 复核　　记账										

此联收款人开户行随托收凭证寄付款行作借方凭证附件

(四)商业汇票结算的特点

与其他银行结算方式相比,商业汇票结算具有如下特点:

(1)与银行汇票等相比,商业汇票的适用范围相对较窄,各企业、事业单位之间只有根据购销合同进行合法的商品交易才能签发商业汇票。除商品交易以外,其他方面的结算如劳务报酬、债务清偿、资金借贷等不可采用商业汇票结算方式。

(2)与银行汇票等结算方式相比,商业汇票的使用对象也相对较少。商业汇票的使用对象是在银行开立账户的法人。使用商业汇票的收款人、付款人以及背书人、被背书人等必须同时具备以下两个条件:一是在银行开立账户,二是具有法人资格。个体工商户、农村承包户、个人、法人的附属单位等不具有法人资格的单位或个人以及虽具有法人资格但没有在银行开立账户的单位都不能使用商业汇票。

(3)商业汇票可以由付款人签发,也可以由收款人签发,但都必须经过承兑。只有经过承兑的商业汇票才具有法律效力,承兑人负有到期无条件付款的责任。商业汇票到期,因承兑人无款支付或其他合法原因致使债务人不能获得付款时,可以按照汇票背书转让的顺序,向前手行使追索权,依法追索票面金额;该汇票上的所有关系人都应负连带责任。

(4)未到期的商业汇票可以到银行办理贴现,从而使结算和银行资金融通相结合,有利于企业及时地补充流动资金,维持生产经营的正常进行。

(5)商业汇票在同城、异地都可以使用,而且没有结算起点的限制。

(6)商业汇票一律记名并允许背书转让。商业汇票到期后,一律通过银行办理转账结算,银行不支付现金。商业汇票的提示付款期限自汇票到期日起10日内。

二、商业汇票结算的基本规定

(1)商业汇票一律记名,允许背书转让。

(2)商业汇票承兑期限由交易双方商定,一般为3~6个月,特殊情况可以适当延长,但最长不超过6个月。商业汇票到期后,承兑人(即付款人)负有无条件支付票款的责任。需要分期付款时,应一次签发若干张不同期限的汇票。

(3)无款支付的规定。商业承兑汇票到期,付款人账户存款不足而不能支付票款时,如果属于异地办理委托收款的,由付款人开户银行在委托收款凭证备注栏内注明付款人“无款支付”字样,按照委托收款结算无款支付手续处理,将委托收款凭证和商业承兑汇票退回收款人开户银行。如果属于同城用进账单划款的,比照空头支票退票处理。同时,银行按照商业承兑汇票的票面金额对付款人处以5%但不低于1 000元的罚款,同时处以2%的偿金,支付给收款人。银行承兑汇票到期,付款人账户无款支付或不足支付时,银行一方面凭票向收款人无条件支付款项,一方面将根据承兑协议对付款人执行扣款。将尚未收回的款项转入付款人的逾期贷款户,并按每日0.5‰计收利息。

三、商业汇票结算的基本程序

(一)商业承兑汇票的结算程序

(1)收款人(或付款人)签发汇票。出纳人员按合同内容和结算规定填写一式三联的商业承兑汇票交付款人。

(2)付款人承兑商业汇票。付款人应在汇票的承兑栏签署"承兑"字样,注明承兑日期,并加盖预留银行印鉴后将汇票退还给收款人。

(3)收款人委托银行收款。收款人对异地承兑的商业承兑汇票,在汇票到期前,由出纳人员填写一式五联的托收凭证,连同汇票一并送开户银行办理收款手续。

(4)付款人到期兑付。付款人收到开户银行转来的托收凭证的付款通知联及所附商业承兑汇票后,核对无误即通知银行付款。

(5)银行办理划款。银行在付款人承诺付款后,将款项划给收款人。如付款人存款账户不足以支付的,应填制付款人未付款通知书,连同商业承兑汇票邮寄给收款人开户银行转交收款人。

(6)收妥入账。

商业承兑汇票结算的具体程序见图4-3。

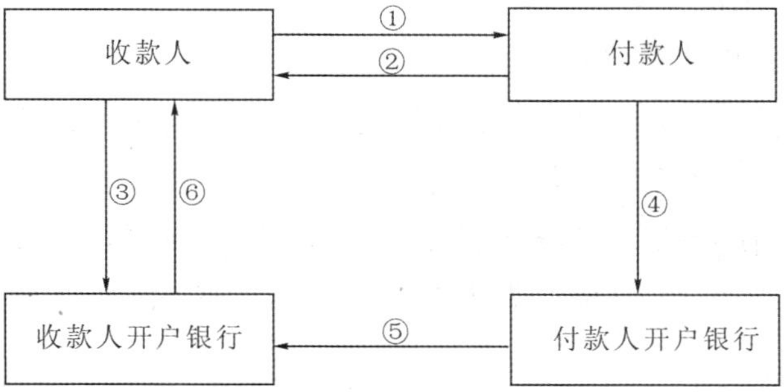

图4-3 商业承兑汇票的结算程序

说明:①签发汇票;②承兑汇票;③委托收款;④到期付款;⑤银行划款;⑥收妥入账。

(二)银行承兑汇票的结算程序

(1)申请承兑。承兑申请人(即付款人)持银行承兑汇票和购销合同,向其开户银行申请承兑。银行按有关规定审查同意后,与承兑申请人签订承兑协议一式三联,并在银行承兑汇票上注明承兑协议编号,加盖银行印章,用压数机压印汇票金额后,将第二联银行承兑汇票和第三联解讫通知单交给承兑申请人。

(2)兑取票款。付款人(即承兑申请人)将第二联银行承兑汇票和第三联解讫通知单交给收款人。收款人或被背书人应在银行承兑汇票到期时,填写两联进账单,然后将银行承兑汇票、解讫通知单连同进账单送交其开户银行办理收款入账手续。银行按规定审查无误后,在第一联进账单加盖转讫章作收账通知交给收款人,收款人凭此联作收款入账手续。

(3)支付票款。付款人在银行承兑汇票到期前应将其票款足额交存其开户银行,承兑银行在收到兑付银行传来的银行承兑汇票和解讫通知单以及有关传票后,开户银行在承兑汇票到期日将付款人款项划出。

银行承兑汇票结算的具体程序见图 4–4。

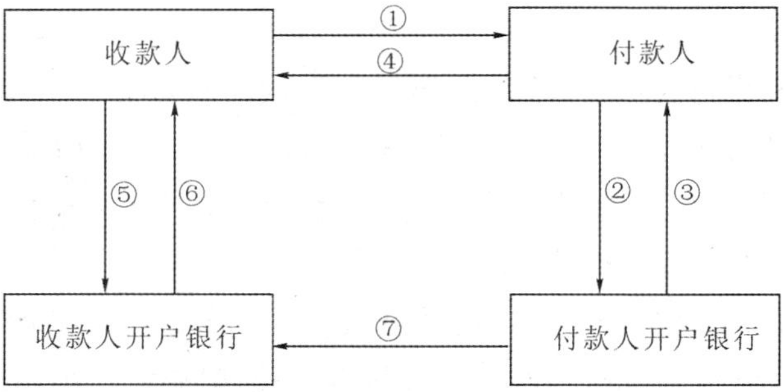

图 4–4　银行承兑汇票的结算程序

说明:①出票;②申请承兑并签订承兑协议;③同意承兑;④送交银行承兑汇款;⑤到期委任银行收款;⑥收妥入账;⑦银行清算

(三)商业汇票贴现的程序

贴现是指汇票持有人将未到期的商业汇票交给银行,银行按照票面金额扣收自贴现日至汇票到期日期间的利息,将票面金额扣除贴现利息后的净额交给汇票持有人。商业汇票持有人在资金暂时不足的情况下,可以凭承兑的商业汇票向银行办理贴现,以提前取得货款。商业汇票持有人办理汇票贴现,应按下列步骤办理:

1. 申请贴现

汇票持有人向银行申请贴现,应填制一式五联贴现凭证。贴现凭证第一联(代申请书)交银行作贴现付出传票;第二联(收入凭证)交银行作贴现申请单位账户收入传票;第三联(收入凭证)交银行作贴现利息收入传票;第四联(收账通知)交银行给贴现申请单位作收账通知;第五联(到期卡)交会计部门按到期日排列并保管,到期日作贴现收入凭证。

汇票持有单位(即贴现申请单位)的出纳人员应根据汇票的内容逐项填写贴现凭证的有关内容,如贴现申请人的名称、账号、开户银行,贴现汇票的种类、发票日、到期日和汇票号码,汇票承兑人的名称、账号和开户银行,汇票金额的大、小写等。其中,贴现申请人即汇票持有单位本身;贴现汇票种类是指银行承兑汇票还是商业承兑汇票;汇票承兑人,银行承兑汇票为承兑银行即付款单位开户银行,商业承兑汇票为付款单位自身;汇票金额(即贴现金额)指汇票本身的票面金额。填完贴现凭证后,在第一联贴现凭证申请人盖章处和商业汇票第二联、第三联背后加盖预留银行印鉴,然后一并送交开户银行信贷部门。

开户银行信贷部门按照有关规定对汇票及贴现凭证进行审查,重点是审查申请人持有汇票是否合法,是否在本行开户,汇票联数是否完整,背书是否连续,贴现凭证的填写是否正确,汇票是否在有效期内,承兑银行是否已通知不应贴现以及是否超过本行信贷规模和资金承受能力,等等。审查无误后,在贴现凭证"银行审批"栏签注"同意"字样,并加盖有关人员印章后送银行会计部门。

2. 办理贴现

银行会计部门对银行信贷部门审查的内容进行复核,并审查汇票盖印及压印金额是否真实、有效。审查无误后即按规定计算并在贴现凭证上填写贴现率、贴现利息和实付贴现金额。其中,贴现率是国家规定的月贴现率;贴现利息是指汇票持有人向银行申请贴现付给银行的利息;实付贴现金额是指汇票金额(即贴现金额)减去应付贴现利息后的净额,即汇票持有人办理贴现后实际得到的款项金额。按照规定,贴现利息应根据汇票金额、贴现天数(自银行向贴现单位支付贴现票款日起至汇票到期日前一天止的天数)和贴现率计算求得。用公式表示为:

$$贴现利息=汇票金额\times 贴现天数\times 日贴现率$$

$$日贴现率=月贴现率\div 30$$

贴现天数应从出票日起按实际经历天数计算。通常,出票日和到期日只计算其中的一天,即"算头不算尾"或"算尾不算头"。

$$贴现天数=贴现日至票据到期日实际天数-1(算头不算尾)$$

贴现单位实得贴现金额则等于贴现金额减去应付贴现利息,用公式表示为:

$$实得贴现金额=汇票金额-贴现利息$$

银行会计部门填写完贴现率、贴现利息和实付贴现金额后,将贴现凭证第四联加盖"转讫"章后交给贴现单位作为收账通知,同时将实付贴现金额转入贴现单位账户。贴现单位根据开户银行转回的贴现凭证第四联,按实付贴现金额做银行存款收款凭证,其会计分录为:

借:银行存款　　　　　×××

　　贷:应收票据　　　　　×××

同时按贴现利息做转账凭证,其会计分录为:

借:财务费用　　　　　×××

　　贷:应收票据　　　　　×××

并在应收票据登记簿登记有关贴现情况。

【例 4-3】　北京宏达机器厂向大明公司销售产品,收到大明公司签发并承兑的商业承兑汇票一张,票面金额为 600 000 元,签发承兑日期为 2020 年 4 月 8 日,付款期为 6 个月。5 月 22 日,北京宏达机器厂因急需用款持该汇票到银行申请贴现,经银行同意后于 5 月 23 日办理贴现。假定银行月贴现率为 6‰,则贴现天数为 138 天(计算方法:到期日是 10 月 8 日,从 5 月 23 日到 9 月 22 日是 4 个月,由于 5 月、7 月、8 月这 3 个月有 31 天,故 4

个月共123天，从9月23日至10月7日有15天，所以一共是138天）

$$贴现利息=600\ 000\times138\times6\%\div30=16\ 560\ 元$$

$$贴现金额=600\ 000-16\ 560=583\ 440\ 元$$

（1）北京宏达机器厂应根据银行转回的贴现凭证第四联（表4–12）编制银行存款收款凭证（表4–13）

表4–12

贴现凭证（收账通知）

填写日期：2020年05月23日

<table>
<tr><td rowspan="3">贴现汇票</td><td>种类</td><td>商业承兑汇票</td><td>号码</td><td></td><td rowspan="3">申请人</td><td>名称</td><td colspan="2">北京宏达机器厂</td></tr>
<tr><td>出票日</td><td colspan="3">2020年4月8日</td><td>账号</td><td colspan="2">4819076</td></tr>
<tr><td>到期日</td><td colspan="3">2020年10月7日</td><td>开户银行</td><td colspan="2">工商银行枣扬办</td></tr>
<tr><td colspan="2">汇票承兑人</td><td>大明公司</td><td>账号</td><td colspan="3"></td><td>开户银行</td><td></td></tr>
</table>

<table>
<tr><td rowspan="2">汇票金额</td><td rowspan="2" colspan="2">人民币（大写）陆拾万元整</td><td>千</td><td>百</td><td>十</td><td>万</td><td>千</td><td>百</td><td>十</td><td>元</td><td>角</td><td>分</td></tr>
<tr><td></td><td>¥</td><td>6</td><td>0</td><td>0</td><td>0</td><td>0</td><td>0</td><td>0</td><td>0</td></tr>
</table>

<table>
<tr><td rowspan="2">贴现率</td><td rowspan="2">6%</td><td rowspan="2">贴现利息</td><td>万</td><td>千</td><td>百</td><td>十</td><td>元</td><td>角</td><td>分</td><td rowspan="2">应付贴现金额</td><td>十</td><td>万</td><td>千</td><td>百</td><td>十</td><td>元</td><td>角</td><td>分</td></tr>
<tr><td>1</td><td>6</td><td>5</td><td>6</td><td>0</td><td>0</td><td>0</td><td>5</td><td>8</td><td>3</td><td>4</td><td>4</td><td>0</td><td>0</td><td>0</td></tr>
<tr><td colspan="10">上述款项已入你单位账户。
此致
银行盖章
2020年5月23日</td><td colspan="9">备注：</td></tr>
</table>

复核　　　　记账

表 4–13

收款凭证

银收 字第 001 号

借方科目 银行存款　　　　2020 年 05 月 23 日

摘要	对方科目		借或贷	金额										√
	总账科目	明细科目		千	百	十	万	千	百	十	元	角	分	
商业承兑汇票贴现	应收票据		贷			5	8	3	4	4	0	0	0	
合　　计					¥	5	8	3	4	4	0	0	0	

附单据壹张

会计主管:孙立　　记账:　　出纳:　　复核:　　制单:吴静　　受款人:

(2)同时编制转账凭证(表 4–14)

表 4–14

转账凭证

转字第 002 号

2020 年 05 月 25 日

摘要	总账科目	明细科目	借方金额									贷方金额									√
			百	十	万	千	百	十	元	角	分	百	十	万	千	百	十	元	角	分	
商业承兑汇票贴现	财务费用				1	6	5	6	0	0	0										
	应收票据													1	6	5	6	0	0	0	
合　　计				¥	1	6	5	6	0	0	0		¥	1	6	5	6	0	0	0	

会计主管　吴林　　记账　张静　　出纳　　复核　　制单人

3. 票据到期

汇票到期,由贴现银行通过付款单位开户银行向付款单位办理清算,收回票款。

对于银行承兑汇票，不论付款单位是无款偿付还是不足偿付，贴现银行都能从承兑银行取得票款，不会再与收款单位发生关系。

对于商业承兑汇票，贴现的汇票到期，如果付款单位有足额款项支付票款，收款单位应于贴现银行收到票款后将应收票据在备查簿中注销。当付款单位存款不足而无力支付到期商业承兑汇票时，按照《支付结算办法》的规定，贴现银行将商业承兑汇票退还给贴现单位，并开出特种转账传票，在其中“转账原因”栏注明“未收到 xx 号汇票款，贴现款已从你账户收取”字样，从贴现单位银行账户直接划转已贴现票款。贴现单位收到银行退回的商业承兑汇票和特种转账传票时，凭特种转账传票编制银行存款付款凭证。其会计分录如下：

借：应收账款　　×××

　贷：银行存款　　×××

同时立即向付款单位追索票款。如果贴现单位账户存款也不足时，按照《支付结算办法》的规定，贴现银行将贴现票款转作逾期贷款，退回商业承兑汇票，并开出特种转账传票，在其中“转账原因”栏注明“贴现已转逾期贷款”字样，贴现单位据此编制转账凭证，其会计分录如下：

借：应收账款　　×××

　贷：短期借款　　×××

【例 4-4】　北京宏达机器厂向大明公司销售产品，取得大明公司签发并承兑的商业承兑汇票一张，票面金额为 60 000 元，签发承兑日期为 2020 年 4 月 8 日，付款期为 6 个月。5 月 22 日，北京安达机器厂因急需用款持该汇江票到银行申请贴现，经银行同意后于 5 月 23 日办理贴现。10 月 8 日，江票到期，大明公司无款支付票款，贴现银行退回商业承兑汇票，并从北京宏达机器厂账上扣回贴现票款，开来特种转账传票。

(1)北京宏达机器厂财务部门据此作银行存款付款凭证(表 4-15)。

表 4-15

付款凭证

银付字第 002 号

贷方科目银行存款　　　　2020 年 10 月 08 日

摘要	总账科目	明细科目	借或贷	金额										√
				千	百	十	万	千	百	十	元	角	分	
商业承兑汇票无法承兑	应收账款	大明公司	借			6	0	0	0	0	0	0	0	
	合　计				¥	6	0	0	0	0	0	0	0	

附单据壹张

会计主管:孙立　记账:　出纳:　复核:　制单:吴静　受款人

(2)如果北京宏达机器厂账上也无款支付,则北京宏达机器厂应根据银行转来的特种转账传票编制转账凭证(表 4-16)。

表 4-16

转账凭证

转字第 003 号

2020 年 05 月 25 日

摘要	总账科目	明细科目	借方金额									贷方金额									√
			百	十	万	千	百	十	元	角	分	百	十	万	千	百	十	元	角	分	
贴现商业汇票无法承兑	应收账款	大明公司		6	0	0	0	0	0	0	0										
	短期借款												6	0	0	0	0	0	0	0	
合　计			¥	6	0	0	0	0	0	0	0	¥	6	0	0	0	0	0	0	0	0

会计主管　吴林　　记账　张静　　出纳　　复核　　制单人

四、商业汇票结算的账务处理

1. 付款方

财会部门根据签发并经承兑的汇票存根联，贷记“应付票据”账户；到期兑付票款时，财会部门根据其开户行转来的付款通知联，借记“应付票据”账户，贷记“银行存款”账户。

2. 收款方

财会部门收到经付款方承兑的商业汇票时，借记“应收票据”账户；到期收款时，财会部门根据其开户行转回的委托收款回单（或收账通知），借记“银行存款”账户，贷记“应收票据”账户；汇票贴现时，财会部门根据银行转回的贴现凭证收账通知联，借记“银行存款”、“财务费用”账户，贷记“应收票据”账户。

【例 4-5】 2020 年 4 月 8 日北京宏达机器厂从市齐达钢铁公司（开户行：工商行朝阳支行。账号：3152555）购入合金钢 3 000 千克，单价 5 元，进项税额 1 950 元，对方代垫运费 1 000 元，宏达机器厂开出期限 3 个月的不带息商业汇票一张。

（1）出纳人员根据增值税专用发票记账联（表 4-17）及运输单位运费收据签发商业承兑汇票一式三联（表 4-18）。

表 4-17

北京增值税专用发票 No

全国统一发票监制章 北京 国家税务总局监制

此联不作报销、扣税凭证使用

开票日期：

购买方	名　　称：北京宏达机器厂 纳税人识别号： 地 址、电 话： 开户行及账号：					密码区	
货物或应税劳务、服务名称	规格型号	单位	数量	单价	金额	税率	税额
合金钢					15000.00	13%	1950.00
合计					¥15000.00		¥1950.00
价税合计（大写）	人民币零壹万陆仟玖佰伍拾万元整				（小写） ¥16950.00		
销售方	名　　称：齐达钢铁公司 纳税人识别号： 地 址、电 话： 开户行及账号：					备注	

收款人：　　复核：　　开票人：　　销售方：（章）

税总函[2020]XX号XXXX公司

第一联：记账联 销售方记账凭证

表 4–18

商业承兑汇票(存根)

2020 年 04 月 08 日

第　　号

付款人			收款人		
付款人	全称	北京宏达机器厂	收款人	全称	北京齐达钢铁公司
	账号	4819076		账号或地址	3152555
	开户银行	工行枣扬办		开户银行	工行朝阳支行

出票金额 人民币(大写)		千	百	十	万	千	百	十	元	角	分
	壹万陆仟玖佰伍拾元整			¥	1	6	9	5	0	0	0

汇款到期日	贰零贰零年零柒月零捌日	交易合同号码	(略)

本汇票已经本单位承兑,到期日无条件支付票据。 此致 收款人 付款人盖章 负责　　经办　　年　月　日	汇票签发人盖章 负责　　经办

(2)财会部门根据签发的商业承兑汇票存根联编制转账凭证(表 4–19)。

表 4–19

转 账 凭 证　　转字第 004 号

2020 年 04 月 08 日

摘要	总账科目	明细科目	借方金额									贷方金额									√
			百	十	万	千	百	十	元	角	分	百	十	万	千	百	十	元	角	分	
购入含金钢	材料采购	含金钢			1	5	0	0	0	0	0										
	应交税费	应交增值税(进项税额)				1	9	5	0	0	0										
	应付票据													1	6	9	5	0	0	0	
合　　计				¥	1	6	9	5	0	0	0		¥	1	6	9	5	0	0	0	

会计主管　吴林　　记账　张静　　出纳　　复核　　制单人

【例 4-6】 2020 年 7 月 18 日北京安达机器厂将持有的大发物贸公司（开户行：工商银行中关村支行。账号：4321564）开出的不带息商业承兑汇票 8 000 元向银行贴现，经银行同意办理贴现。该票据于 6 月 15 日签发，期限为 6 个月，月贴现率为 6‰。

（1）出纳人员填写一式五联贴现凭证，办理贴现手续（表 4-20）。

表 4-20

贴现凭证（代申请书）

申请日期：2020 年 07 月 18 日

<table>
<tr><td rowspan="3">贴现汇票</td><td>种类</td><td colspan="3">商业承兑汇票</td><td>号码</td><td colspan="4"></td><td rowspan="3">持票人</td><td colspan="5">名称</td><td colspan="6">北京宏达机器厂</td></tr>
<tr><td>出票日</td><td colspan="8">2020 年 6 月 15 日</td><td colspan="5">账号</td><td colspan="6">4819076</td></tr>
<tr><td>到期日</td><td colspan="8">2020 年 12 月 15 日</td><td colspan="5">开户银行</td><td colspan="6">工商行枣扬办</td></tr>
<tr><td colspan="2">汇票承兑人</td><td colspan="3">大发物贸公司</td><td colspan="2">账号</td><td colspan="4">4321564</td><td colspan="4">开户银行</td><td colspan="7">工行中关村支行</td></tr>
<tr><td colspan="2" rowspan="2">汇票金额</td><td colspan="10" rowspan="2">人民币（大写）捌仟元整</td><td>千</td><td>百</td><td>十</td><td>万</td><td>千</td><td>百</td><td>十</td><td>元</td><td>角</td><td>分</td></tr>
<tr><td></td><td></td><td></td><td>¥</td><td>8</td><td>0</td><td>0</td><td>0</td><td>0</td><td>0</td></tr>
<tr><td rowspan="2">贴现率</td><td rowspan="2">6‰</td><td rowspan="2">贴现利息</td><td>万</td><td>千</td><td>百</td><td>十</td><td>元</td><td>角</td><td>分</td><td colspan="3" rowspan="2">应付贴现金额</td><td>万</td><td>千</td><td>百</td><td>十</td><td>元</td><td>角</td><td>分</td></tr>
<tr><td></td><td></td><td></td><td></td><td></td><td></td><td></td><td></td><td></td><td></td><td></td><td></td><td></td><td></td></tr>
<tr><td colspan="3">附送承兑汇票申请贴现，请审核。

持票人签章</td><td colspan="2">银行审批</td><td colspan="6">

负责人　　信贷员</td><td colspan="9">科目（贷）__________
对方科目（借）__________

复核　　记账</td></tr>
</table>

（2）财会部门根据银行转回的贴现凭证“收账通知”联（表 4-21）编制相关记账凭证（表 4-22）。

表 4-21

贴现凭证(收账通知)

填写日期:2020 年 07 月 18 日

贴现汇票	种类	商业承兑汇票	号码		申请人	名称	北京宏达机器厂
	出票日	2020 年 6 月 15 日				账号	4819076
	到期日	2020 年 12 月 15 日				开户银行	工商行枣扬办
汇票承兑人		大明公司	账号		开户银行		

		千	百	十	万	千	百	十	元	角	分
汇票金额	人民币(大写)捌仟元整				¥	8	0	0	0	0	0

			万	千	百	十	元	角	分		十	万	千	百	十	元	角	分
贴现率	6‰	贴现利息		¥	2	3	6	8	0	应付贴现金额		¥	7	7	6	3	2	0

上述款项已入你单位账户。

此致

银行盖章

2020 年 7 月 18 日

备注:

复核　　　　记账

表 4-22

记 账 凭 证

2020 年 07 月 18 日　　　　记 字 001 号

摘要	会计科目	明细科目	借方金额 百	十	万	千	百	十	元	角	分	贷方金额 百	十	万	千	百	十	元	角	分	√
商业汇票贴现	银行存款					7	7	6	3	2	0										
	财务费用						2	3	6	8	0										
	应收票据														8	0	0	0	0	0	
合计		(附件壹张)			¥	8	0	0	0	0	0				¥	8	0	0	0	0	0

会计主管 吴林　　记账 张静　　稽核　　填制

【例 4-7】 北京宏达机器厂拟采用商业承兑汇票结算方式向南京钢铁厂（开户行：工商行益国支行王桥分理处。账号：1146）采购钢材。2019 年 8 月 10 日宏达机器厂向银行申请办理同年 12 月 10 日到期的银行承兑汇票计 250 000 元。

（1）出纳人员填写一式三联银行承兑汇票（表 4-23）。

表 4-23

银行承兑汇票（存根）

出票日期：2019 年 08 月 10 日

出票日期：　　贰零贰零年零捌月零壹拾日　　汇票号码

出票人全称	北京宏达机器厂	收款人	全称	南京钢铁厂
出票人账号	4819076		账号	114567
付款行全称	工商行枣扬办		开户银行	工商行王桥办
出票金额	人民币（大写）贰拾伍万元整		千 百 十 万 千 百 十 元 角 分	¥ 2 5 0 0 0 0 0 0
汇票到期日	贰零贰零年壹拾贰月零壹拾日	付款行	行号	（略）
承兑协议编号	（略）		地址	（略）
		备注：		

与银行签订承兑协议，见表 4-24。

表 4-24

银行承兑协议

银行承兑汇票的内容：　　　　编号：

出票人全称　宏达机器厂　　　　收款人全称　南京钢铁厂

开户银行　工商行枣扬办　　　　开户银行　工商行王桥办

账　　号　4819076　　　　账　　号　1114567

汇票号码　3　　　　汇票金额　¥250000

出票日期2019 年 8 月 10 日　　　　到期日期2019 年 12 月 10 日

以上汇票经银行承兑，出票人愿遵守《支付结算办法》的规定及下列条款：

一、出票人于汇票到期日前将应付票款足额交存承兑银行。

二、承兑手续费按票面金额千分之一计算，在银行承兑时一次付清。

三、出票人与持票人如发生任何交易纠纷，均由其双方自行处理，票款于到期前仍按第一条办理不误。

四、承兑汇票到期日，承兑银行凭票无条件支付票款。如到期日之前出票人不能足额交付票款时，承兑银行对不足支付部分的票款转做出票申请人逾期贷款，并按照有关规定计收罚息。

五、承兑汇票款付清后，本协议自动失效。

承兑银行签章　　　　出票人签章

中国工商银行北京分行 枣扬办支行 2020.08.10

订立承兑协议日期2019 年8 月10 日

(2)财会部门根据银行转来的承兑手续费付款通知，编制记账凭证(表4-25)。

承兑手续费=250 000×1‰=250 元

表4-25

记 账 凭 证

2019年08月10日　　　　记 字 002 号

摘要	会计科目	明细科目	借方金额									贷方金额									√
			百	十	万	千	百	十	元	角	分	百	十	万	千	百	十	元	角	分	
商业汇票承兑手续费	财务费用	手续费					2	5	0	0	0										
	银行存款															2	5	0	0	0	
合计		(附件壹张)				¥	2	5	0	0	0				¥	2	5	0	0	0	

会计主管 吴林　　记账 张静　　稽核　　填制

【复习思考题】

1. 汇兑结算方式有哪些基本规定?
2. 托收承付的适用范围有哪些?
3. 商业汇票的特点有哪些?
4. 商业汇票结算的基本规定是什么?

项目五 出纳专门事项实务

课前导读

【学习内容】 本章主要介绍出纳在日常工作中相关资料的整理、保管和归档实务以及出纳工作交接中应遵循的程序与规则。

【学习目标】 通过对本章的学习，了解出纳资料的范围，理解并熟练掌握出纳资料的整理、保管、归档和出纳工作的交接。

任务一　出纳岗位保管的资金与工具

（一）现金、支票、有价证券

出纳人员每日下班前应盘点库存现金，并将当日收入存入银行，同时须从银行另行提取备用现金。根据规定，严禁坐支现金。每日盘点现金，应保证账实相符，严禁设立小金库、账外账，严禁白条抵库等行为。

出纳人员必须妥善保管支票本，严格按照规定的用途使用，不得交付其他会计人员代管。

有价证券明细账要按证券种类分设户头，所记金额应与总账会计一致，当账面金额与证券面值不一致时，应在摘要栏内注明证券的批次、面值和张数。必要时，还可以设置辅助登记簿进行补充登记。.

（二）相关印鉴、收付章

企业在领取营业执照以后，应该及时刻制公司的相关印章，需要刻制的印章包括公司公章、财务专用章、法人章、发票专用章和合同专用章。

注意：刻制公司的相关印章需要携带公司营业执照原件及复印件、法人身份证原件及复印件、经办人身份证原件及复印件、法人授权书到所在地公安局申请办理，得到批准后，到公安局指定的刻章公司刻制印章。

准备需要用印的印章、印垫、印台或者印泥、对应颜色的印油。准备需要用印的物件，试盖后可蘸色。通常情况下，可参考需用印纸面上的用印位置提示。

出纳使用的印章必须妥善保管，严格按照规定的用途使用，不得将印章随意存放或带出工作单位。用于签发支票的各种预留银行印鉴章不能由出纳一人保管，一般应由主管会计人员或其他指定人员保管，各种印章的保管应与现金的管理相同，以防违法乱纪人员有机可乘，给国家和单位造成不必要的经济损失。

（三）保险柜

各单位都配备有专用保险柜，专门存放现金、各种有价证券、银行票据、印章及其他出纳票据。保险柜只能由出纳员开启使用，非出纳员不得开启保险柜。公司领导需要对出纳员的工作进行检查，如检查库存现金限额、核对实际库存现金数额，或者有其他特殊情况需要开启保险柜时，应按规定的程序经总经理同意，由行政综合部开启。在一般情况下不得任意开启由出纳员掌管使用的保险柜。.

（四）网银 U 盾

出纳配备具有基本权限的制单网银 U 盾（设置密码），可随时上网查询账户状况，包括当日及历史交易明细、时点余额等详细信息，并且可以提交办理收付款项的指令。财务负责人或主管会计配备复核权限的 U 盾（设置密码），必须对网上银行收支结算指令进行复核，方可完成款项收付。出纳、会计、财务负责人所使用的网银 U 盾应视作财务印章进行管理并将其密码与网银密钥分开保管。

（五）税控打印机

税控打印机是我国财税部门主推的发票打印产品，是安装了税控模块的发票打印机。逻辑上税控模块和打印机之间没有直接的数据交换。税控打印机面向使用独立打印机的商业 POS 用户或用电脑开票的用户，实现税控时使主机外挂的设备集中一些，以便于安装和管理。

（六）金融税控收款机

金融税控收款机即银税一体化税控收款机，它是税控收款机和银行卡支付终端（俗称金融 POS）的结合体。与税控打印机不同的是，金融税控收款主机和内部的银行支付终端模块之间有更多信息交换。金融税控收款机可以共享税控收款机和金融 POS 的一部分硬件资源（主要是外壳、显示器、电源和打印机），减小设备的占用空间和使用成本。

任务二　出纳资料的整理、保管和归档

（一）出纳资料的范围

出纳人员的工作内容和任务主要包括货币资金核算、往来结算、工资核算、货币资金收支的监督等。出纳资料是记录和处理出纳工作内容与任务、明确相关经济责任的有关票据和书面证明。

出纳资料是会计档案的重要组成部分，丢失出纳资料将给出纳本人和单位甚至国家带来严重的后果。因此，各单位必须加强对出纳资料管理工作的领导，建立出纳资料相关会计档案的立卷、归档、保管、查阅和销毁等管理制度，保证出纳资料妥善保管、有序存放、方便查阅，严防损毁、散失和泄密。出纳资料一般包括以下内容：

1. 出纳凭证

出纳凭证，是记录货币资金业务、明确经济责任、按一定格式编制的据以登记现金日记账、银行存款日记账及总账的书面证明，包括相关原始凭证、收款凭证、付款凭证、转账凭证及其他出纳凭证。

2. 出纳账簿

出纳账簿是指由具有一定格式和相互联系的账页所组成，用来序时、分类地全面记录货币资金收付业务的会计簿籍，包括现金日记账、银行存款日记账、其他货币资金日记账、各种辅助账簿及其他备查账簿。

3. 出纳报告

出纳人员记账后，应根据现金日记账、银行存款日记账、有价证券明细账、银行对账单等核算资料，定期编制“出纳报告单”和“银行存款余额调节表”，报告本单位一定时期现金、银行存款、有价证券的收、支、存情况，并与总账会计核对期末余额。

4. 其他资料

它是指与出纳资料相关的作为收付依据的合同、协议；出纳档案移交清册、出纳档案保管清册、出纳档案销毁清册等档案管理文件；按规定须单独存放和保管的重要票证、单据，如作废的支票以及出纳盘点表和出纳考核报告等。

（二）出纳资料的整理和保管

1. 有价证券的保管

有价证券是一种具有储蓄性质的、可以最终兑换成人民币的票据。有价证券种类较多，目前我国发行的有价证券有国库券、国家重点建设债券、地方债券、金融债券、企业债券和股票等。

有价证券是企业资产的一部分，具有与现金相同的性质和价值。但有价证券的性质较为特殊，容易成为被偷盗、套取和挪用的对象，是管理的难点和重点。在工作中出纳人员要对各种有价证券的票面金额和号码保守秘密。为掌握各种债券到期时间，应建立“认购有价证券登记簿”。

对有价证券的保管要实行“账证分管”，会计管账、出纳管证，随时或定期对有价证券进行抽查盘点，建立账实核对制度，保证有价证券的安全。

2. 空白支票及空白收据的保管

在银行存款的额度内，开户单位均可向开户银行领购支票，企业一般都保留一定数量的空白支票以备使用。支票是一种支付凭证，一旦填写了有关内容并加盖在银行留有印样的图章后，即可成为直接从银行提取现金或与其他单位进行结算的凭据。所以，企业必须加强对空白支票使用的管理，同时要采取必要措施，妥善保管，以免发生非法使用和盗用、遗失等情况，给国家和企业造成不必要的经济损失。存有空白支票的企业，必须明确指定专人妥善保管。要贯彻票印分管的原则，空白支票和印章不得由一人负责保管。这样，可以明确责任，形成制约机制，防止舞弊行为。

空白收据即未填制的收据。空白收据一经填制并加盖有关印鉴，即可成为办理转账结算和支付现金的一种书面证明，直接关系到资金结算的准确、及时和安全，因此，必须按规定加以保管和使用。空白收据一般应由主管会计人员保管。要建立“空白收据登记簿”，填写领用日期、单位、起始号码，并由领用人签字，收据用完后，要及时归还、核销。使用单位不得将收据带出工作单位使用，不得转借、赠送或买卖，不得弄虚作假，开具实物与票面不相符的收据，更不能开具存根联与其他联不符的收据，作废的收据要加盖“作废”章，各联要连同存根一起保管，不能撕毁、丢失。

3. 印章的保管

支票印鉴一般应由会计主管人员或指定专人保管，支票和印鉴必须由两人分别保管。负责保管的人员不得将印章随意存放或带出工作单位。各种印章应与现金的保管相同，不得随意放入抽屉内保管，否则极易给违法、违纪人员可乘之机，给国家和单位造成不必要的经济损失。

4. 出纳凭证的整理和保管

出纳凭证是会计凭证的组成部分，因此出纳凭证的整理和保管与其他的会计档案是一致的。一般情况下，出纳在记账完毕后，要将凭证传递给记账会计，继续记账过程。期末会计人员要将所有会计凭证进行整理和装订，具体顺序如下：

(1)去掉凭证上的金属物。

(2)凭证以左上对齐为准。

(3)填写会计凭证封面。会计凭证封面应写明单位名称，年度、月份，本月共几册、本册是第几册，记账凭证的起讫编号、张数，并由会计主管、装订人分别签名或盖章。

(4)装订。

(5)填写会计凭证盒正面及侧面。正面应写明单位名称，起止时间，本月共几册、本盒是第几册，记账凭证的起讫编号、张数、保管期限，由会计主管、立卷人分别签名或盖章，严格的大型企业还要编制全宗号、目录号、卷号；侧面应写明年、月，共几册，本盒是第几册，记账凭证从第几号到第几号，保管期限，严格的大型企业还要编制全宗号、目录号、卷号。

5. 出纳账簿的整理和保管

出纳账簿主要是“现金日记账”和“银行存款日记账”，在会计电算化情况下，输出的出纳账簿资料应装订成册。

为保证账簿记录的合法性，明确记账责任，出纳人员在更换新账簿前，应对旧账簿进行整理，对扉页内容、目录和编号等按规定填列齐全。出纳账簿是一种长期保存的经济档案，出纳账簿的归档和保管方法与其他会计档案相同。

6. 其他出纳资料的整理和保管

其他出纳资料是指出纳账、证以外的资料，主要指各种报告和文件，如各项经费开支计划表、银行对账单及财务管理方面的重要凭据等。对这些资料应该分类整理并妥善保管，年末作为出纳档案归入会计档案保管。

（三）出纳资料的归档

1. 出纳资料的归档程序

单位的管理要求对出纳资料进行挑选和整理，做到定期归集、分类整理、按序排放。出纳人员对出纳资料进行整理时，一般分为分类、装订和成册三个步骤。

（1）分类。出纳资料应按经济业务的性质和本单位的财务管理要求进行分类。一般应与本单位的会计档案分类相一致，并兼顾档案装订和使用的需要。在对出纳资料进行分类时，应当对一些无效或不需用的单据进行剔除。

（2）装订。由于原始单证大多零落散乱，容易遗失，所以出纳人员在对档案归类后应加以装订，以保证出纳资料不易散落。在装订时，应当注意档案厚度，以便于使用为宜；对不宜装订的应当连号存放，防止散落；对于采用财务软件记账的单位，其打印出的纸质出纳档案必须装订编号；对于具备采用磁带、磁盘等磁性介质保存出纳资料条件的，由国务院主管部门统一规定，保管时采用连号编排，保存在特定的档案盒内。

（3）成册。对于装订完毕的出纳资料，应当立卷成册，启用封面或扉页，用以记录每册的编号、所属单位、所属时期等详细内容，并加盖单位公章和经办人员私章，在保管上有特殊要求的，可以加盖骑缝章或加贴封条。

（四）档案的保管

1. 档案的保管期限

根据财政部、国家档案局发布的《会计档案管理办法》的规定，出纳资料的保管期限分为永久、定期两类，其保管期限从会计年度终了后的第一天算起。定期保管期限分为5年、10年、30年3类（表5-1）。

表 5-1 会计档案保管期限表

序号	档案名称	保管期限	备注
一、会计凭证			
1	原始凭证	30 年	
2	记账凭证	30 年	
二、会计账簿			
3	总账	30 年	
4	明细账	30 年	
5	日记账	30 年	
6	固定资产卡片		固定资产报废清理后保管 5 年
7	其他辅助性账簿	30 年	
三、财务会计报告			
8	月度、季度、半年度财务会计报告	10 年	
9	年度财务会计报告	永久	
四、其他会计资料			
10	银行存款余额调节表	10 年	
11	银行对账单	10 年	
12	纳税申报表	10 年	
13	会计档案移交清册	30 年	
14	会计档案保管清册	永久	
15	会计档案销毁清册	永久	
16	会计档案鉴定意见书	永久	

2. 档案的销毁

《会计档案管理办法》规定，保管期满的出纳档案，可以按照以下程序销毁：

(1)由本单位档案机构会同会计机构提出销毁意见，形成会计档案鉴定意见书。对保管期满，确无保存价值的会计档案，可以销毁。档案管理机构编制会计档案销毁清册，列明销毁会计档案的名称、卷号、册数、起止年度和档案编号、应保管期限、已保管期限、销毁时间等内容。

(2)单位负责人、档案管理负责人、会计机构负责人、档案管理机构经办人、会计管理机构经办人在出纳档案销毁清册上签署意见。

(3)销毁出纳档案时，应当由档案管理机构和会计机构共同派员监销。国家机关销毁出纳档案时，应当由同级财政部门、审计部门派员参加监销。财政部门销毁出纳档案时，应当由同级审计部门派员参加监销。

(4)监销人在销毁出纳档案前,应当按照出纳档案销毁清册所列内容清点核对所要销毁的出纳档案;销毁后,应当在出纳档案销毁清册上签名盖章,并将监销情况报告本单位负责人。

任务三　出纳工作的交接

出纳工作交接是指出纳人员因工作调动或者离职等原因,由原任出纳人员将有关工作和资料移交给后任出纳人员的工作过程。

一、出纳工作交接的原因或情形

出纳人员办理交接手续主要有以下几个方面的原因:

(1)出纳人员辞职或离开单位。

(2)企业内部工作变动,原出纳人员不再担任出纳职务,例如出纳岗位轮岗调换到会计岗位。

(3)出纳岗位内部增加工作人员,重新进行分工。

(4)因病假、事假或临时调用,不能继续从事出纳工作。

(5)因特殊情况如停职审查等按规定不宜继续从事出纳工作。

(6)企业因其他情况按规定应办理出纳交接工作的,如企业解散、破产、兼并、合并、分立等情况发生时,出纳人员应向接收单位或清算组移交。

二、出纳工作交接的作用

出纳工作交接要按照会计工作交接的要求进行。出纳人员调动工作或者离职时,与接管人员办清交接手续,是出纳人员应尽的职责,也是分清移交人员与接管人员责任的重大措施。办好交接工作,可以使出纳工作前后衔接,可以防止账目不清、财务混乱。出纳工作交接的作用主要有:可以明确工作责任;便于接办的出纳人员熟悉工作,能够立即进入工作角色;有利于账目清晰与账簿归档;有利于发现与处理出纳工作和资金管理工作中存在的问题,预防经济犯罪的发生,防止资金流失。

三、出纳工作交接的内容

由于单位规模不同、出纳人员分工和主管业务的不同,出纳工作交接的内容也有所不同。手工记账和实行电算化会计的企业出纳工作交接的内容分别如下。

(一)手工记账的企业出纳工作交接的内容

(1)出纳凭证。包括与现金、银行存款及其他货币资金有关的原始凭证和记账凭证。

(2)出纳账簿。包括现金日记账和银行存款日记账等。

(3)现金。包括库存的人民币和外币。

(4)支票。包括空白支票、支票领用备查登记簿。

(5)有价证券。包括债券、股票等。

(6)用于银行结算的各种银行汇票、银行本票、商业汇票等票据。

(7)各种收款收据。包括空白收据、已用或作废收据的存根联等。

(8)印章。包括财务专用章、银行预留印鉴以及“现金收讫”“现金付讫”“银行收讫”“银行付讫”“作废”等业务专用章。

(9)会计文件。如应由出纳人员保管的相关文件、银行对账单、合同、协议等。

(10)会计用品。如报销单据、借据等。

(11)办公室、办公桌与保险工具的钥匙,各种保密号码。

(12)本部门保管的各种档案资料和公用会计工具、器具等。

(13)各种文件资料和其他业务资料。

(14)经办未了事项。

(二)实行会计电算化的企业出纳工作交接的内容

(1)会计软件及与会计软件有关的密码或口令。

(2)存储会计数据的介质包括磁带、磁盘和 U 盘、光盘等。

(3)有关电算化的其他资料和实物等。

四、出纳工作交接的程序

(一)移交前的准备工作

为了保证出纳交接工作顺利进行,出纳人员在办理交接手续前,必须做好以下准备工作:

(1) 已经受理的经济业务尚未登记完毕的日记账以及股票、债券等明细账要登记完毕,并在最后一笔余额后加盖名章。

(2)在出纳账的账簿启用表上填写移交日期,并加盖名章。

(3)出纳日记账与现金、银行存款总账核对相符,现金账面余额与实际库存现金核对一致,银行存款账面余额与银行对账单无误。如有不符,要找出原因,弄清问题并加以解决,务求在移交前做到相符。

(4)清理账目和其他资料,移交人对该收回的款项要尽快催收,该支付的款项要及时支出,各种借款要清理与核对,各种现金票据、有价证券收据、借据等要清理与整理好,文件该归档的要归档,该收回的要及时收回,该移交的要整理好,各种登记簿要与所登记内容进行核对,对未了事项写出书面材料。

(5)根据清理情况,将应列入移交的内容填制好移交清册,例如会计凭证、账簿、报表、印章、现金、有价证券、支票簿、发票、文件、其他会计资料和物品等内容。

实行会计电算化的单位,从事该项工作的移交人员还应当在移交清册中列明会计软件及密码、会计软件数据磁盘(磁带等)及有关资料、实物等内容。

(二)出纳工作的正式交接

《会计基础工作规范》规定:会计人员办理交接手续,必须由监交人员负责监交。一般会计人员交接,由单位会计机构负责人、会计主管人员负责监交;会计机构负责人、会计主管人员交接,由单位领导负责监交,必要时可由上级主管部门派人会同监交。

出纳工作交接一般在单位会计机构负责人、会计主管人员监督下进行。出纳员的离职交接,必须在规定的期限内向接交人员移交清楚。具体操作如下:

(1)现金、有价证券、贵重物品要根据会计账簿有关记录由移交人向接交人逐一点交,不得短缺,接替人员发现不一致或有白条顶库现象时,移交人员在规定期限内负责查清处理,同时并填写相对应的库存现金移交表(表5-2)和有价证券、贵重物品的移交表(表5-3)。

表5-2　库存现金移交表

移交日期:　　　年　月　日　　　　　　单位:元　　　　第　页

币别	数量(张)	移交金额	接交金额	备注
合计				

单位领导人:　　　　移交人:　　　　监交人:　　　　接管人:

表 5-3　有价证券、贵重物品的移交表

移交日期：　　年　月　日　　　　　　　　　　　　第　页

名称	购入日期	单位	数量	面值(元)	到期日期	备注

单位领导人：　　　　移交人：　　　　监交人：　　　　接管人：

(2)银行存款账户余额要与银行对账单核对。在核对时如发现有疑问，移交人和接交人应一起到开户银行当面核对，并取得银行存款余额调节表等。

(3)在银行存款账户余额与银行对账单余额核对相符的前提下填写银行存款移交表(表 5-4)，移交有关票据、票证及印章，同时由接交人更换预留在银行的印鉴章。

表 5-4　银行存款移交表

移交日期：　　年　月　日　　　　　　　　　　　　第　页

开户日	币种	期限	账户数	实有数	备注
合计					
附件及说明； (1)账面数为银行存款日记账金额，实有数为银行对账单金额； (2)银行存款调节表 1 份； (3)银行印鉴卡片 2 张。					

单位领导人：　　　　移交人：　　　　监交人：　　　　接管人：

(4)出纳账簿移交时，接交人应该核对账账、账实是否相符，即现金日记账、银行存款日记账、有价证券明细账应与现金、银行存款和有价证券总账核对相符。实行会计电算化的单位，交接双方应在电子计算机上对有关数据进行实际操作以确认有关数字，正确无误后，将账页打印出来并装订成册后再进行交接。核对无误后，移交人在结账数字盖章，以示对前段工作的负责。最后，交接双方在账簿的经管人员一览表上签章，并注明交接的年、月、日。

(5)出纳凭证、出纳账簿和其他会计核算资料必须完整无缺。如有短缺,必须查清原因,并在核算资料移交表(表5-5)中注明,由移交人员负责。

表5-5 核算资料移交表

移交日期: 年 月 日

名 称	年度	数量	起止时间	备注

单位领导人: 移交人: 监交人: 接管人:

(6)工作计划移交时,为了方便接交人开展工作,移交人应向接交人详细介绍工作计划的执行情况以及今后在执行过程中应注意的问题,以使出纳工作具有延续性。

(7)移交人应将保险柜的密码和钥匙、办公桌和办公室的钥匙一一移交给接交人并填写物品移交表(表5-6)。接交人在接交完毕后,应立即更换保险柜密码及有关锁具。

表5-6 物品移交表

移交日期: 年 月 日

名称	型号	购入期限	单位	数量	备注
合计					

单位领导人: 移交人: 监交人: 接管人:

(8)接交人办理接交完毕,应在出纳账簿启用表上填写接收时间,并签名或盖章。

(三)交接结束

交接完毕后,交接双方和监交人要在移交清册上签名或盖章。移交清册必须具备以下内容:单位名称;交接日期;交接双方和监交人的职务及姓名;移交清册页数、份数和其他需要说明的问题和意见。移交清册一般一式三份,其中交接双方各执一份,另一份作为会计档案，在交接结束后归档保管。

(四) 出纳交接的相关责任

出纳交接工作结束后，在交接前后各期的工作责任应由当时的经办人负责，主要体现在以下几个方面：

(1) 接交人应认真接管移交工作，继续办理未了事项。

(2) 接交人应继续使用移交后的账簿等资料，保持会计记录的连续性，不得自行另立账簿或擅自销毁移交资料。

(3) 移交后，移交人对自己经办的已办理移交的资料负完全责任，不得以资料已移交为由推脱责任。

【复习思考题】

1. 出纳资料的整理和保管工作都包含什么？
2. 出纳资料的销毁程序是什么？
3. 出纳工作的交接内容都包括什么？
4. 出纳工作的交接程序都包括什么？

项目六 出纳基本业务实训

课前导读

【学习内容】 本章通过一个模拟企业在特定的会计期间内，发生的经济业务，按照规范性要求，对学生出纳操作的全部基本技能——从建账、填制和审核原始凭证、记账凭证到登记账簿，最后编制出纳报告，进行训练，完成从理论到实践的认知过程。

【学习目标】 通过本章学习，进一步了解出纳工作的基本内容和岗位职责，熟悉货币资金管理制度和结算制度，熟练掌握出纳业务的会计处理方法和基本技能。

一、实训要求

（一）实训程序

1. 根据实训资料（一）设置“库存现金”“银行存款”日记账，并登记月初余额。

2. 根据实训资料（二）提供的经济业务，填制并审核空白原始凭证。

3. 根据实训资料（二）提供的经济业务，编制收、付、转记账凭证；并登记日记账和部分明细账。

4. 每日结出现金日记账余额，并进行账实核对。

5. 月末，将银行存款日记账与银行对账单核对，找出未达账项并编制银行存款余额调节表。

6. 编制出纳报告。

（二）实训考核

建议实训时间为30学时，采用考核形式评定实训成绩。

出纳模拟实训考核依据见表6-1。

表 6-1　出纳模拟实训考核依据

考核指标	考核内容	成绩
出勤率	出勤情况,实训制度遵守情况	15 分
全面性	核算过程的全面性,核算资料的完整性	15 分
规范性	凭证的填制,账簿登记规范,项目完整	40 分
准确性	数据计算的准确性,核算方法的正确性	30 分
合 计		100

二、实训单位基本情况

实训单位:郑州赛亚玩具有限公司 地址:郑州市北环路 1××6 号　电话:0371-633452××

郑州赛亚玩具有限公司是一家集生产、销售于一体的专业型塑胶、布绒、木制、电子玩具企业,注册资本为 3 000 万元,经税务机关核准为增值税一般纳税人,社会统一信用代码:91410104712644××××

银行核准公司库存现金限额为 10 000 元

基本账户:工商银行文化北路支行　3047998

一般账户:建设银行文化路支行　4577880

专用账户:中国银行河南省分行　2448898

公司对销售部实行定额备用金制,核定的备用金定额为 8 000 元,每 10 天报销一次。

公司财务部人员构成:

经理:　贾 明　　稽核:李 芳

出纳:　吴 洁　　会计:郭金 高洁 李贝

三、实训资料

郑州赛亚玩具有限公司有关货币资金业务资料如下:

(一)2019 年 11 月 30 日有关账户余额:

库存现金 6 932 元

银行存款如下

“基本存款户”(账号为 3047998) 3 642 976 元

“一般存款户”(账号为 4577880)　631 320 元

“专用账户”(账号为 2448898) 1 662 280 元

(二)2019 年 12 月郑州赛亚玩具有限公司发生如下经济业务:

1. 12 月 01 日,开出工商银行转账支票支付前欠伟达公司货款 35 400 元。(银行转

账支票,见表 6-1-1,6-1-2)

2. 12 月 01 日,开出现金支票从工商银行提取现金 10 000 元备用。(银行现金支票,见表 6-2-1,6-2-2)

3. 12 月 02 日,财务部根据核定的定额备用金 8 000 元,以现金支付给销售部朴哲。(借款单,见表 6-3-1,6-3-2)。

4. 12 月 03 日,接工商银行收账通知,收到郑州闽光公司前欠货款 3 390 000 元。(银行进账单,见图 6-4-1,6-4-2)

5. 12 月 03 日,公司销售给南昌圣龙百货公司遥控玩具车模型 500 台,价款 100 000 元,增值税 13 000 元;遥控飞机模型 300 台,价款 90 000 元,增值税 11 700 元;代垫运费 2 000 元,价税已委托工商银行收妥(圣龙公司纳税人识别号 91410105678322××××;地址:南昌市青山路 156×号;开户行及账号:工行青云路分理处 150223189887)(增值税专用发票、托收凭证、产品出库单,见表 6-5-1,6-5-2,6-5-3,6-5-4)。

6. 12 月 03 日,公司通过建设银行向东莞市工行中堂支行汇出 100 000 元,拟从东莞工业园区采购材料。(账号:201002242856342)(电汇凭证,见表 6-6-1,6-6-2)

7. 12 月 04 日,采购部江明出差预借差旅费 5 000 元,以现金支付。(借款单,见表 6-7-1,6-7-2)

8. 12 月 04 日,生产车间向郑州昭泰有限公司租入机器设备一台,租期 3 个月,每月租金 15 000 元,开出转账支票预付设备租金 45 000 元。(增值税普通发票,转账支票存根,见表 6-8-1,6-8-2,6-8-3)

9. 12 月 05 日,开出中国银行转账支票向郑州恒大设备公司,采购玩具加工设备 2 台,价税合计 293 800 元,安装费 14 000 元,该设备投入安装,安装费于设备安装完毕后支付。(恒大公司纳税人识别号 91410133211544××××;地址:郑州市西环路 42X 号;开户行及账号中行郑州桐南支行 410015089099321)(增值税专用发票,转账支票,见表 6-9-1,6-9-2,6-9-3)

10. 12 月 05 日,委托银行代发工资 744 000 元。(工资发放汇总表,银行回单,见表 6-10-1,6-10-2,6-10-3)

11. 12 月 06 日,到百货公司采购办公用品 500 元,以现金支付(增值税普通发票,见表 6-11-1,6-11-2)。

12. 接银行通知,支付上个月汇款手续费 185 元(银行回单,见表 6-12-1,6-12-2)

13. 12 月 06 日,投资者张伟以货币资金追加投资 500 000 元。(银行收账通知书,见表 6-13-1,6-13-2)

14. 12 月 06 日,郑州品图公司定制卡通玩偶一批,预收货款 20 000 元,收到工行转账支票一张,送存银行(工行转账支票,见表 6-14-1,6-14-2)。

15. 12 月 07 日,采购部江明出差归来,报销差旅费:郑州—上海机票两张,计 1 600 元;市内交通费 500 元,住宿费 900 元,伙食补助 50 元一天,共计 250 元,报销总额 3 250 元,退回余款 1 750 元。(差旅费报销单、收据,见表 6-15-1,6-15-2,6-15-3)

16. 12 月 07 日，开出现金支票从工商银行提取现金 10 000 元备用。（现金支票，见表 6-16-1，6-16-2）

17. 12 月 08 日，支付达美公司货款（原欠款 339 000 元，其中货款 300 000 元，增值税 39 000 元）。达美公司给予货款 1% 的折扣，实付金额为 336 000 元。（银行转账支票，见表 6-17-1，6-17-2）

18. 12 月 08 日，公司行政办公室报销业务招待费 3 850 元，以现金支付。（费用报销单，见表 6-18-1，6-18-2）

19. 12 月 08 日，新设备安装完毕，以中行转账支票支付安装费 14 000 元。（发票，见表 6-19-1，6-19-2）

20. 12 月 09 日，公司向欢乐园销售组合滑梯 2 座，每座 148 000 元，共计 296 000 元，增值税 38 480 元；布绒玩偶 100 箱，每箱 500 元，共计 50 000，增值税 6 500 元。价税款已收存工商银行。（欢乐园纳税人识别号：91410300800213××××，地址：郑州市郑开大道 XX 号；开户行及账号：170202129008943）（增值税专用发票，银行进账单，产品出库单，见表 6-20-1，6-20-2，6-20-3，6-20-4，6-20-5）

21. 12 月 9 日委托中国银行签发面额为 1 000 000 元的银行汇票一张，拟从大连机械厂（账号为 6633621）引进一条新的生产线。（银行汇票，见表 6-21-1，6-21-2）

22. 12 月 10 日，缴纳增值税 146 500、城建税 10 255 元，教育费附加 4 395 元。（完税凭证，见表 6-22-1，6-22-2）

23. 12 月 10 日，开出工商银行转账支票支付 2010 年度财产保险费 60 000 元，印花税 60 元。（支票存根，见表 6-23-1，6-23-2）

24. 12 月 11 日，销售部报销为客户发放信函的邮寄费 1 320 元，业务招待费 3 428 元，以现金补付（费用报销清单，见表 6-24-1，6-24-2）。

25. 12 月 11 日，缴纳社会保险费 297 600 元。（电子缴税回单，见表 6-25-1，6-25-2）

26. 12 月 12 日，缴纳住房公积金 148 800 元。（住房公积金汇缴书，见表 6-26-1，6-26-2）

27. 12 月 12 日，职工张英报销医药费 2 320 元，以现金支付。（医疗费收据，见表 6-27-1，6-27-2）

28. 12 月 13 日，开出现金支票从工商银行提取 8 000 元备用。（现金支票，见表 6-28-1，6-28-2）

29. 12 月 13 日，公司从东莞利源工业园采购模具一批价款 60 000 元，进项税额 7 800 元，材料验收入库。（增值税普通发票，材料入库单，见表 6-29-1，6-29-2，6-29-3）。

30. 12 月 14 日，技术员李美出差，预借差旅费 5 000 元。（借款单，见表 6-30-1，6-30-2）

31. 12 月 15 日，现金账实核对，填写“现金盘点报告表”，见表 6-31-1，6-31-2，进行现金盘点盘亏的账务处理。

32.12 月 17 日，向本地纺织厂采购布料一批价税合计 22 600 元，开出建行转账支票。（增值税专用发票，转账支票存根，见表 6-32-1，6-32-2）

33.12 月 17 日，收到银行转来银行汇票"多余款收账通知"联，通知该公司多余款项 29 800 元已收存银行。（银行汇票，见表 6-33-1，6-33-2）

34.12 月 18 日，向大连瑞达百货公司，销售遥控玩具汽车模型 1 000 台，遥控飞机 600 架，价税合计 429 400 元，以银行存款代垫运费 2 000 元，已委托工商银行收款（增值税专用发票，凭证产品出库单，见表 6-34-1，6-34-2，6-34-3，6-34-4）

35.12 月 19 日，接银行收账通知，向南昌圣龙公司托收的货税款及代垫运杂费 216 700元已收妥入账。（银行支付系统专用凭证，见表 6-35-1，6-35-2）

36.12 月 19 日，技术员李美出差归来，报销差旅费 3 650 元，交回余款 1 350 元（差旅费报销单，收据，见表 6-36-1，6-36-2，6-36-3）

37.12 月 20 日，以现金支付公司行政部门电话费 3 725 元。（费用支出报销单，见表 6-37-1，6-37-2）

38.12 月 20 日，为品图公司加工的卡通玩偶交货，价税合计 36 160 元，对方补付余款 16 160 元，款项送存银行。（增值税专用发票，产品出库单，银行进账单，见表 6-38-1，6-38-2，6-38-3，6-38-4）。

39.12 月 21 日，开出工商银行转账支票，支付产品广告费 5 3000 元。（增值税专用发票，银行转账支票存根，见表 6-39-1，6-39-2，6-39-3）

40.12 月 22 日，开出现金支票从工商银行提取现金 8 000 元备用。（银行现金支票存根，见表 6-40-1，6-40-2）

41.12 月 22 日，销售部报销信函邮寄费 980 元，业务招待费 3 258 元。现金补付（费用支出报销单，见表 6-41-1，6-41-2）

42.12 月 22 日，持中行签发的银行汇票向大连机械厂购进玩具生产线一套，价款 826 000元，增值税 107 380 元，运杂费 3 850 元，余款 62 770 元，已退回中行。（增值税专用发票，银行汇票多余款收账通知，固定资产移交生产验收单，见表 6-42-1，6-42-2，6-42-3）

43.12 月 23 日，接银行收账通知，向大连瑞达百货公司托收的货税款及代垫运杂费 431 400 元已收妥入账。（银行支付系统专业凭证，见表 6-43-1，6-43-2）

44.12 月 23 日，按合同约定，采用电汇方式通过建设银行向洛阳美源公司预付货款 60 000 元。（银行电汇凭证，见表 6-44-1，6-44-2）

45.12 月 23 日，开出工行转账支票，支付 2020 年度报刊费 9 900 元。（增值税普通发票，见表 6-45-1，-6-45-2）

46.12 月 24 日，向郑州小太阳幼儿园出售玩具一批，其中城堡积木 20 套，每套 1 050 元；启慧磁力棒 50 套，每套 268 元，价税合计 38 872 元，已收存工商银行。（增值税专用发票，银行进账单，见表 6-46-1，6-46-2，6-46-3）

47.12 月 25 日，接工商银行通知，支付企业承兑的已到期的银行承兑汇票 34 800 元。

（托收凭证，见表6-47-1，6-47-2）

48. 12月25日，企业向银行申请取得临时借款700 000元，以备采购材料，款项已划入一般存款账户。（贷款凭证，见表6-48-1，6-48-2）

49. 12月25日，由于没有履行销售合同，向郑州市四叶草公司支付违约金及赔偿金，共计2 300元，银行存款支付。（违约金收据，见表6-49-1，6-49-2）

50. 12月28日，报销市场部门市内交通费900元，通信费1 600元。（费用报销单，见表6-50-1，6-50-2）

51. 12月28日，报销行政部门市内交通费630元。（费用报销单，见表6-51-1，6-51-2）

52. 12月29日，报销行政部门汽车过路（桥）费1 250元，年检费960元。（费用报销单，见表6-52-1，6-52-2）

53. 12月30日，通过基本存款账户支付排污费5 000元。（政府非税收入专用缴款通知书，见表6-53-1，6-53-2）

54. 12月31日，现金账实核对，填写"现金盘点盈亏报告表"（见表6-54-1，6-54-2），进行现金盘点盈亏的账务处理。

55. 根据本期库存现金、银行存款和其他货币资金账户的发生额和余额编制出纳报告（见表6-55-1）。

表 6–1–1

工商银行转账支票存根

支票号码 X Ⅵ02218302

附加信息

出票日期　　年　月　日

收款人：

金额：

用途：

单位主管　　　会计

本支票付款期限十天

中国工商银行 转账支票　　中国　　NO X Ⅵ02218302

出票日期（大写）　　　年　　月　　日　　付款行名称：

收款人：　　出票人账号：

人民币（大写）	千	百	十	万	千	百	十	元	角	分

用途______　　密码______

上列款项请从　　行号______

我账户内支付

出票人签章　　　复核　　　记账

（使用清分机的，此区域供打印磁性字码）

表 6–1–2

记 账 凭 证

年　月　日　　　　__字第__号

摘要	会计科目		借方金额											货方金额											过账
	一级科目	二级或明细科目	亿	千	百	十	万	千	百	十	元	角	分	亿	千	百	十	万	千	百	十	元	角	分	
合计																									

附件　张

表 6–2–1

工商银行现金支票存根

支票号码 X Ⅵ02218504

附加信息

出票日期　　年　月　日

收款人：

金额：

用途：

单位主管　　　会计

本支票付款期限十天

中国工商银行 现金支票　　NO X Ⅵ02218504

出票日期（大写）　　　年　　月　　日　　付款行名称：

收款人：　　出票人账号：

人民币（大写）	千	百	十	万	千	百	十	元	角	分

用途______

上列款项请从

我账户内支付

出票人签章　　　复核　　　记账

（使用清分机的，此区域供打印磁性字码）

表 6–2–2

记 账 凭 证

年　月　日　　　　　　　　__字第__号

摘要	会计科目		借方金额											货方金额											过账	附件　张
	一级科目	二级或明细科目	亿	千	百	十	万	千	百	十	元	角	分	亿	千	百	十	万	千	百	十	元	角	分		
合计																										

表 6–3–1

借　款　单

年　月　日

部　门		姓　名		借款用途	
借款金额	人民币（大写）				
实际报销金额		结余金额		审核意见	
		超支金额			
备注：				结账日期　年　月　日	

表 6–3–2

记 账 凭 证

年　月　日　　　　　　　　__字第__号

摘要	会计科目		借方金额											货方金额											过账	附件　张
	一级科目	二级或明细科目	亿	千	百	十	万	千	百	十	元	角	分	亿	千	百	十	万	千	百	十	元	角	分		
合计																										

表 6-4-1

中国工商银行 进账单 （回 单）

年 月 日

出票人	全 称		收款人	全 称													此联作开户银行交给持（出）票人的回单
	账 号			账 号													
	开户银行			开户银行													
人民币（大写）						亿	千	百	十	万	千	百	十	元	角	分	
票据种类		票据张数		开户银行盖章													
票据号码																	
复核： 记账：																	

表 6-4-2

记 账 凭 证

年 月 日 ＿字第＿号

摘要	会计科目		借方金额											货方金额											过账	附件 张
	一级科目	二级或明细科目	亿	千	百	十	万	千	百	十	元	角	分	亿	千	百	十	万	千	百	十	元	角	分		
合计																										

表 6-5-1

河南增值税专用发票　　No00000000

全国统一发票监制章

记账联

校验码:　　　　发票日期:2019 年 12 月 03 日

购买方

名　　　称:南昌圣龙百货公司
纳税人识别号:9141919567832××××
地 址 、电 话:南昌市青山路 156X 号
开户行及账号:工行青云路分理处 150223189887

密码区

6877789 * &^ * (&% 45 * &^) (* & * (% (6^^
#% #@ # $ @ 342vkh% 43223216 + 5456132415?
>< $ #@ $ #+I28 $ +I51#@ $ @ $ +I77@ +I103
+I129#@ Q $ @ #R#564816#r3w4165151@ #553#
$ % #5 + I28&^# $ &^3515618651 * ^% 651651&
$ I28 $ +I51#@ $ @ $ +I77@ +I103+I129#@ Q
$ @ #R #564816 #r3w4165151 @ #553 # $ % #5 +
I28&^# $ &^3515618651 * ^% 65

货物或应税劳务名称	规格型号	单位	数量	单价	金额	税率	税额
遥控玩具车模型		台	500	200	100 000	13%	13 000
遥控飞机模型		台	300	300	90 000	13%	11 700
合计					¥190 000.00		¥24 700.00

价税合计(大写)　贰拾壹万肆仟柒佰圆整　(小写)¥214 700.00

销售方

名　　　称:郑州塞亚玩具有限公司
纳税人识别号:91410104712644××××
地 址 、电 话:郑州市北环路 1××6 号
开户行及账号:工商银行文化北路支行

备注

郑州塞亚玩具有限公司
91410107126 44XXXX
发票专用章

第一联:记账联　销货方记账凭证

收款人:吴洁　　复核:李芳　　开票人:郭金　　销货单位:(章)

表 6–5–2

托收凭证（受理回单）

委托日期： 年 月 日

<table>
<tr><td colspan="2">业务类型</td><td colspan="6">委托收款（□邮划、□电划） 托收承付（□邮划、□电划）</td><td rowspan="8">此联作收款人开户银行给收款人的受理回单</td></tr>
<tr><td rowspan="3">付款人</td><td>全称</td><td colspan="2"></td><td rowspan="3">收款人</td><td>全称</td><td colspan="2"></td></tr>
<tr><td>账号</td><td colspan="2"></td><td>账号</td><td colspan="2"></td></tr>
<tr><td>地址 省 市县</td><td>开户行</td><td></td><td>地址 省 市县</td><td>开户行</td><td></td></tr>
<tr><td>金额</td><td colspan="5">人民币（大写）</td><td colspan="2">亿 千 百 十 万 千 百 十 元 角 分</td></tr>
<tr><td>款项内容</td><td></td><td>托收凭据名称</td><td colspan="2"></td><td>附寄单证张数</td><td></td></tr>
<tr><td colspan="2">商品发运情况</td><td colspan="3"></td><td>合同名称号码</td><td></td></tr>
<tr><td colspan="3">备注：
复核： 记账：</td><td colspan="2">款项收妥日期
年 月 日</td><td colspan="3">收款人开户银行签章
年 月 日</td></tr>
</table>

表 6–5–3

产品出库单

年 月 日 凭证编号：

用途： 产成品库：

类别	编号	名称及规格	计量单位	数量	单位成本	总成本	附注	财务留存

主管： 记账： 保管员：

表 6-5-4

记 账 凭 证

年 月 日 ＿字第＿号

摘要	会计科目		借方金额											货方金额											过账
	一级科目	二级或明细科目	亿	千	百	十	万	千	百	十	元	角	分	亿	千	百	十	万	千	百	十	元	角	分	
合计																									

附件 张

表 6-6-1

银行 电汇凭证 （回单）

□普通 □加急 委托日期 年 月 日

<table>
<tr><td rowspan="3">汇款人</td><td>全 称</td><td></td><td rowspan="3">收款人</td><td>全 称</td><td colspan="11"></td><td rowspan="8">此联作汇出行给汇款人的回单</td></tr>
<tr><td>账 号</td><td></td><td>账 号</td><td colspan="11"></td></tr>
<tr><td>汇出地点</td><td>省 市/县</td><td>汇入地点</td><td colspan="11">省 市/县</td></tr>
<tr><td colspan="2">汇出行名称</td><td></td><td colspan="2">汇入行名称</td><td colspan="11"></td></tr>
<tr><td rowspan="2">金额</td><td colspan="4" rowspan="2">人民币
（大写）</td><td>亿</td><td>千</td><td>百</td><td>十</td><td>万</td><td>千</td><td>百</td><td>十</td><td>元</td><td>角</td><td>分</td></tr>
<tr><td></td><td></td><td></td><td></td><td></td><td></td><td></td><td></td><td></td><td></td><td></td></tr>
<tr><td colspan="3"></td><td colspan="2">支付密码</td><td colspan="11"></td></tr>
<tr><td colspan="3">汇出行签章</td><td colspan="13">附加信息及用途：

复核： 记账：</td></tr>
</table>

表 6–6–2

记账凭证

年 月 日　　　　＿字第＿号

摘要	会计科目		借方金额											贷方金额											过账	附件 张
	一级科目	二级或明细科目	亿	千	百	十	万	千	百	十	元	角	分	亿	千	百	十	万	千	百	十	元	角	分		
合计																										

表 6–7–1

借 款 单

年 月 日

部门		姓名		借款用途	
借款金额	人民币（大写）				
实际报销金额		结余金额		审核意见	
		超支金额			
备注：				结账日期 年 月 日	

表 6–7–2

记账凭证

年 月 日　　　　＿字第＿号

摘要	会计科目		借方金额											贷方金额											过账	附件 张
	一级科目	二级或明细科目	亿	千	百	十	万	千	百	十	元	角	分	亿	千	百	十	万	千	百	十	元	角	分		
合计																										

表 6-8-1

河南省增值税普通发票

No00000000

发票联

校验码：4100104140　　　　发票日期:2019 年 12 月 04 日

购买方

名　　　称:郑州塞亚玩具有限公司
纳税人识别号:91410104712644××××
地 址 、电 话:郑州市北环路 1××6 号
开户行及账号:工商银行文化北路支行 3047998

密码区

6877789 * &^ * (&% 45 * &^) (* & * (% (6^^
#% #@ # $ @ 342vkh% 43223216 + 5456132415?
>< $ #@ $ #+I28 $ +I51#@ $ @ $ +I77@ +I103
+I129#@ Q $ @ #R#564816#r3w4165151@ #553#
$ % #5 + I28&^# $ &^3515618651 * ^% 651651&
$ I28 $ +I51#@ $ @ $ +I77@ +I103+I129#@ Q
$ @ #R #564816 #r3w4165151 @ #553 # $ % #5 +
I28&^# $ &^3515618651 * ^%65

货物或应税劳务名称	规格型号	单位	数量	单价	金额	税率	税额
有形动产租赁 * 设备	XL111	台	1	43 689.32	43 689.32	3%	1 310.68
合计					¥43 689.32		¥1 310.68

价税合计(大写)　肆万伍仟圆整　　(小写)¥45000.00

销售方

名　　　称:郑州昭泰有限公司
纳税人识别号:91410104713526××××
地 址 、电 话:郑州市长江路 1××36 号
开户行及账号:工商银行长江路支行 35236000

备注：郑州昭泰有限公司 9141010712644XXXX 发票专用章

第二联：发票联　购买方记账凭证

收款人:张杰　　复核: 张伟　　开票人:许一　　销货单位:(章)

表 6–8–2

中国银行
转账支票存根

支票号码　　NO. 3789634

附加信息

出票日期　　年　月　日

收款人：
金额：
用途：
备注：

单位主管：　　　　会计：

复　　核：　　　　记账：

表 6–8–3

记 账 凭 证

年　月　日　　　　__字第__号

摘要	会计科目		借方金额											货方金额											过账	附件　张
	一级科目	二级或明细科目	亿	千	百	十	万	千	百	十	元	角	分	亿	千	百	十	万	千	百	十	元	角	分		
合计																										

表 6-9-1

河南增值税专用发票

No00000000

发票联

校验码:

发票日期:2019 年 12 月 05 日

购买方	名　　称:郑州塞亚玩具有限公司 纳税人识别号:91410104712644×××× 地 址 、电 话:郑州市北环路 1××6 号 开户行及账号:工商银行文化北路支行 3047998				密码区	6877789 * &^ * (&% 45 * &^) (* & * (% (6^^ #% #@ # $ @ 342vkh% 43223216 + 5456132415 ? >< $ #@ $ #+I28 $ +I51#@ $ @ $ +I77@ +I103 +I129#@ Q $ @ #R#564816#r3w4165151@ #553# $ % #5 + I28&^# $ &^3515618651 * ^% 651651& $ I28 $ +I51#@ $ @ $ +I77@ +I103+I129#@ Q $ @ #R#564816#r3w4165151@ #553# $ % #5 + I28&^# $ &^3515618651 * ^% 65		第三联：发票联 购货方记账凭证
货物或应税劳务名称	规格型号	单位	数量	单价	金额	税率	税额	
玩具加工设备		套	2	130000	260 000	13%	33 800	
合计					¥260 000.00		¥330 800.00	
价税合计(大写)	贰拾玖万叁仟捌佰圆整　（小写）¥293 800.00							
销售方	名　　称:郑州恒大设备有限公司 纳税人识别号:91410133211544×××× 地 址 、电 话:郑州市西环路 42×号 开户行及账号:中行郑州桐南支行 410015089099321				备注	郑州恒大设备公司 91410133211544XXXX 发票专用章		

收款人:赵柯　　复核:李娜　　开票人:吴鹏　　销货单位:(章)

表 6-9-2

中国银行
转账支票存根

支票号码　　NO. 3789634

附加信息

出票日期　　年　月　日

收款人：
金额：
用途：
备注：

单位主管：　　　　会计：

复　　核：　　　　记账：

表 6-9-3

记 账 凭 证

年　月　日　　　　　　　　__字第__号

摘要	会计科目		借方金额											货方金额											过账	附件张
	一级科目	二级或明细科目	亿	千	百	十	万	千	百	十	元	角	分	亿	千	百	十	万	千	百	十	元	角	分		
合计																										

表 6–10–1

工资发放汇总表

2019 年 12 月 05 日　　　　单位:元

部门		职工人数	应发工资	扣除			实发工资
				社会保险	住房公积金	小计	
一分厂	生产工人	54	122647	19877	24848	44725	77922
	管理人员	3	9831	1593	1991.7	3584	6247
二分厂	生产工人	37	84159	13634	17050	30684	53475
	管理人员	2	6581	1067	1333	2400	4181
三分厂	生产工人	42	12363	2004	2504	4508	7855
	管理人员	2	6396	1037	1295	2332	4064
销售人员		26	29154	4726	5904	10630	18524
行政管理人员		20	38991	6320	7896	14216	24775
合计		186	877920	50258	62821	113079	764841

经理:李培花　　　　复核:石兵　　　　制表:韩林

表 6–10–2

中国工商银行　　电子银行回单

电子银行回单号码:202534356233312

收款人	户名	郑州塞亚玩具有限公司(代工户)	付款人	户名	郑州塞亚玩具有限公司
	卡(账)号	3047998		卡(账)号	3047998
	开户银行	文化北路支行		开户银行	文化北路支行
币种		人民币	钞汇标志		钞
金额		744000	手续费		
合计		人民币(大写):柴拾肆万肆仟圆整			
交易时间		2019.12.05	时间戳		
中国工商银行 电子回单专用章		给收款人留言:			
		验证码:			

表 6-10-3

记 账 凭 证

年　月　日　　　　__字第__号

摘要	会计科目		借方金额											货方金额											过账
	一级科目	二级或明细科目	亿	千	百	十	万	千	百	十	元	角	分	亿	千	百	十	万	千	百	十	元	角	分	
合计																									

附件　张

表 6-11-1

河南省增值税普通发票

No00000000

发票联

校验码:　　　　发票日期:2019 年 12 月 06 日

购买方

名　　　称:郑州塞亚玩具有限公司
纳税人识别号:91410104712644××××
地 址 、电 话:郑州市北环路 1××6 号
开户行及账号:工商银行文化北路支行 3047998

密码区

6877789 * &^ * (&%45 * &^)(* & * (%(6^^
#%#@ # $ @ 342vkh% 43223216 + 5456132415?
>< $ #@ $ #+I28 $ +I51#@ $ @ $ +I77@ +I103
+I129#@ Q $ @ #R#564816#r3w4165151@ #553#
$ % #5 + I28&^# $ &^3515618651 * ^% 651651&
$ I28 $ +I51#@ $ @ $ +I77@ +I103 + I129#@ Q
$ @ #R#564816#r3w4165151@ #553# $ % #5 +
I28&^# $ &^3515618651 * ^% 65

货物或应税劳务名称	规格型号	单位	数量	单价	金额	税率	税额
办公用品		批	1	485.44	485.44	3%	14.56
合计					¥485.44		¥14.56

价税合计(大写)　伍佰圆整　　(小写)¥500.00

销售方

名　　　称:XX 百货有限公司
纳税人识别号:91410104713526××××
地 址 、电 话:郑州市花园路 16×号
开户行及账号:交行河南省分行营业部 622223051423563

备注　XX 百货公司 91410133211544XXXX 发票专用章

第二联:发票联 购买方记账凭证

收款人:周 杰　　复核:　　开票人:许进　　销货单位:(章)

表 6-11-2

记账凭证

年　月　日　　　　　　　　　　　　　　__字第__号

摘要	会计科目		借方金额											贷方金额											过账	附件张
	一级科目	二级或明细科目	亿	千	百	十	万	千	百	十	元	角	分	亿	千	百	十	万	千	百	十	元	角	分		
合计																										

表 6-12-1

中国工商银行

业务回单（付款）

记账日期:2019-12-06　　　　　　　　　　　　检索号:2536

户名:郑州塞亚玩具有限公司　　　　　　　　　账号:3047998

¥:185.00

付款行行名:文化北路支行　　　　　　　　　　摘要:手续费

用途: 汇款手续费

已打印次数:　1 次　打印时间:　2019-12-06 09:55:06 银行验证码:5223

（印章：中国工商银行 电子回单专用章）

表 6-12-2

记账凭证

年　月　日　　　　　　　　　　　　　　__字第__号

摘要	会计科目		借方金额											贷方金额											过账	附件张
	一级科目	二级或明细科目	亿	千	百	十	万	千	百	十	元	角	分	亿	千	百	十	万	千	百	十	元	角	分		
合计																										

表 6-13-1

中国工商银行进账单（收账通知）

2019 年 12 月 06 日　　　　　　　　第 323 号

收款人	全　称	郑州赛亚玩具有限公司	付款人	全　称	张　伟
	账　号 或地址	3047998		账 号 或地址	6210632157952139423
	开户银行	工行文化北路支行		开户银行	工行航海支行

人民币（大写）	伍拾万元整	千	百	十	万	千	百	十	元	角	分
			¥	5	0	0	0	0	0	0	0

票据种类	转账支票	票据张数	1	中国工商银行河南省分行 文化北路支行 2020年12月09日 转讫 收款人开户银行盖章
票据号码				
复核：　　记账：				

表 6-13-2

记 账 凭 证

年　月　日　　　　　　　　＿字第＿号

摘要	会计科目		借方金额											货方金额											过账
	一级科目	二级或明细科目	亿	千	百	十	万	千	百	十	元	角	分	亿	千	百	十	万	千	百	十	元	角	分	
合计																									

附件　张

表 6-14-1

中国工商银行进账单（收账通知）

2019 年 12 月 06 日　　　　第 323 号

收款人	全　称	郑州赛亚玩具有限公司	付款人	全　称	郑州市品图公司
	账　号 或地址	3047998		账 号 或地址	2021290089897
	开户银行	工行文化北路支行		开户银行	工行花园支行

人民币（大写）	叁万柒仟肆佰肆拾元整	千	百	十	万	千	百	十	元	角	分
				¥	3	7	4	4	0	0	0

票据种类	转账支票	票据张数	1	中国工商银行河南省分行 文化北路支行 2019年12月09日 转讫 收款人开户银行盖章
票据号码				
复核：　　记账：				

表 6-14-2

记 账 凭 证

年　月　日　　　　__字第__号

摘要	会计科目		借方金额											贷方金额											过账
	一级科目	二级或明细科目	亿	千	百	十	万	千	百	十	元	角	分	亿	千	百	十	万	千	百	十	元	角	分	
合计																									

附件　张

表 6–15–1

差旅费报销单

部门:采购部　　　　　　　　填报日期　　　2019 年 12 月 07 日

姓名	江明					出差事由	采购						出差日期	自 2019 年 12 月 4 日 至 2019 年 12 月 9 日			共 5 天		附单据共　张
起讫时间及地点						车船费		伙食补助			出差补助费			住宿费			其　他		
月	日	起	月	日	讫	类别	金额	日数	标准	金额	日数	标准	金额	日数	标准	金额	摘要	金额	
12	4		12	9		机票	1600	5	50	250				4	225	900			
						市内交通	500												
小　计							2100			250						900			
共计金额(人民币大写)						叁仟贰佰伍拾零元零角零分					预支:5000 核销:3250 退补:1750								

主管:张弛　　　　部门:采购部　　　　审核:贾明　　　　填报人:江明

表 6–15–2

收　　据

2019 年 12 月 07 日

交款人	江明	付款方式	现金
交款事由	出差余款		
金额(人民币大写)壹仟柒佰伍拾元整			
盖章　现金付讫			

会计主管:贾明　　　　记账:李贝　　　　审核:　　　　出纳:吴洁　　　　经办:

表 6–15–3

记账凭证

年 月 日 __字第__号

摘要	会计科目		借方金额											货方金额											过账	
	一级科目	二级或明细科目	亿	千	百	十	万	千	百	十	元	角	分	亿	千	百	十	万	千	百	十	元	角	分		附件 张
合计																										

表 6–16–1

工商银行现金支票存根

支票号码 X VI02218302

附加信息

出票日期 年 月 日

收款人：
金额：
用途：

单位主管 会计

中国工商银行 现金支票 NO X VI02218302

本支票付款期限十天

出票日期（大写） 年 月 日 付款行名称：

收款人： 出票人账号：

人民币（大写）	千	百	十	万	千	百	十	元	角	分

用途________ 密码__________

上列款项请从

我账户内支付

出票人签章 复核 记账

（使用清分机的，此区域供打印磁性字码）

表 6–16–2

记账凭证

年 月 日 __字第__号

摘要	会计科目		借方金额											货方金额											过账	
	一级科目	二级或明细科目	亿	千	百	十	万	千	百	十	元	角	分	亿	千	百	十	万	千	百	十	元	角	分		附件 张
合计																										

表 6-17-1

工商银行转账支票存根

支票号码 X VI02218302

附加信息

出票日期　　年　月　日

收款人：	
金额：	
用途：	

单位主管　　会计

中国工商银行 转账支票　　NO X VI02218302

本支票付款期限十天

出票日期（大写）　　年　　月　　日　　付款行名称：

收款人：　　出票人账号：

	千	百	十	万	千	百	十	元	角	分
人民币（大写）										

用途＿＿＿＿＿　　密码＿＿＿＿＿＿＿＿＿＿

上列款项请从　　行号＿＿＿＿＿＿＿＿＿＿

我账户内支付

出票人签章　　复核　　记账

（使用清分机的，此区域供打印磁性字码）

表 6-17-2

记 账 凭 证

年　月　日　　＿字第＿号

摘要	会计科目		借方金额											货方金额											过账
	一级科目	二级或明细科目	亿	千	百	十	万	千	百	十	元	角	分	亿	千	百	十	万	千	百	十	元	角	分	
合计																									

附件　张

表 6-18-1

费用报销单

报销日期:2019 年 12 月 08 日

费用项目	类别	金额	负责人(签章)	王海
业务招待费		3 850.00		
			审核意见	同意报销 贾明
			报销人	张 文
报销金额合计		¥3 850.00		

现金付讫

核实金额(人民币大写):叁仟捌佰伍拾元整

借款数:　　应退数:　　应补金额:

审核:贾 明　　出纳:吴 洁

表 6-18-2

记 账 凭 证

年　月　日　　　　__字第__号

摘要	会计科目		借方金额											货方金额											过账
	一级科目	二级或明细科目	亿	千	百	十	万	千	百	十	元	角	分	亿	千	百	十	万	千	百	十	元	角	分	
合计																									

附件　张

表 6-19-1

河南增值税专用发票　　No00000000

（印章：全国统一发票监制章 国家税务总局监制）

发票联

校验码：　　　　发票日期:2020 年 12 月 03 日

购买方	名　　称:郑州塞亚玩具有限公司 纳税人识别号:91410104712644×××× 地 址 、电 话:郑州市北环路 1××6 号 开户行及账号:工商银行文化北路支行 3047998	密码区	6877789 ＊&^＊(&%45＊&^)(＊&＊(%(6^^#%# @#$@342vkh%43223216+5456132415? ><$# @ $#+I28 $ +I51#@ $ @ $ +I77@ +I103+I129# @Q$@#R#564816#r3w4165151@#553#$%#5+ I28&^#$&^3515618651 ＊^%651651&$ I28 $ + I51#@ $ @ $ +I77@ +I103+I129#@ Q $ @ #R# 564816#r3w4165151@#553#$%#5+I28&^#$&^ 3515618651 ＊^%65

货物或应税劳务名称	规格型号	单位	数量	单价	金额	税率	税额
设备安装服务			1	12844.04	12844.04	9%	1155.96
合计					¥12844.04		¥1155.96

价税合计(大写)	壹万肆仟元整　　(小写)¥14000.00

销售方		备注	
销售方	名　　称:郑州恒大设备有限公司 纳税人识别号:91410133211544×××× 地 址 、电 话:郑州市西环路 42×号 开户行及账号:中行郑州桐南支行 410015089099321	备注	（印章：郑州恒大设备有限公司 91410133211544XXXX 发票专用章）

第三联：发票联 购货方记账凭证

收款人:赵柯　　　复核: 李娜　　　开票人:吴鹏　　　销货单位:(章)

表 6-19-2

记账凭证

年　月　日　　　　　　　　　　　　＿字第＿号

摘要	会计科目		借方金额											货方金额											过账
	一级科目	二级或明细科目	亿	千	百	十	万	千	百	十	元	角	分	亿	千	百	十	万	千	百	十	元	角	分	
合计																									

附件　张

表 6-20-1

河南增值税专用发票

No00000000

记账联

校验码:　　　　　　　　　　　　发票日期:2019 年 12 月 09 日

购买方	名　　称:欢乐园 纳税人识别号:9140300800213×××× 地 址 、电 话:郑州市郑开大道××号 开户行及账号:工行郑东支行 170202129008943	密码区	6877789 * &^ * (&% 45 * &^) (* & * (% (6^^ #% #@ # $ @ 342vkh% 43223216 + 5456132415 ? >< $ #@ $ #+I28 $ +I51#@ $ @ $ +I77@ +I103 +I129#@ Q $ @ #R#564816#r3w4165151@ #553# $ % #5 + I28&^# $ &^3515618651 * ^% 651651& $ I28 $ +I51#@ $ @ $ +I77@ +I103 + I129#@ Q $ @ #R #564816 #r3w4165151 @ #553 # $ % #5 + I28&^# $ &^3515618651 * ^% 65

货物或应税劳务名称	规格型号	单位	数量	单价	金额	税率	税额
组合滑梯		座	2	148000	296000	13%	38480
布绒玩偶		箱	100	500	50000	13%	6500
合计					¥346000.00		¥44980.00
价税合计(大写)	叁拾玖万零玖佰捌拾元整　　(小写)¥390980.00						

销售方	名　　称:郑州塞亚玩具有限公司 纳税人识别号:91410104712644×××× 地 址 、电 话:郑州市北环路 1××6 号 开户行及账号:工商银行文化北路支行	备注	郑州塞亚玩具有限公司 9141010712644XXXX 发票专用章

收款人:吴洁　　复核: 李芳　　开票人:郭金　　销货单位:(章)

第一联:记账联 销货方记账凭证

表 6-20-2

中国工商银行进账单(收账通知)

2019 年 12 月 09 日　　　　　　　　　　第 323 号

收款人	全　称	郑州赛亚玩具有限公司	付款人	全　称	欢乐园
	账　号 或地址	3047998		账 号 或地址	170202129008943
	开户银行	工行文化北路支行		开户银行	工行郑东支行

人民币(大写)	千	百	十	万	千	百	十	元	角	分
叁拾玖万零玖佰捌拾元整		¥	3	9	0	9	8	0	0	0

票据种类	转账支票	票据张数	1	中国工商银行河南省分行 文化北路支行 2020年12月09日 转讫 收款人开户银行盖章
票据号码				
复核：　记账：				

表 6-20-3

产品出库单

2019 年 12 月 09 日　　　　凭证编号:10013

用途:销售　　　　　　　　产成品库:

类别	编号	名称及规格	计量单位	数量	单位成本	总成本	附注	
		组合滑梯	座	2	98000	196000		财务留存
		布绒玩偶	箱	100	350	35000		
合　计						231000		

主管:　　　　记账:　　　　保管员:李想

表 6-20-4

记 账 凭 证

年 月 日　　　　__字第__号

摘要	会计科目		借方金额											货方金额											过账	
	一级科目	二级或明细科目	亿	千	百	十	万	千	百	十	元	角	分	亿	千	百	十	万	千	百	十	元	角	分		
																										附件张
合计																										

表 6-20-5

记 账 凭 证

年 月 日　　　　__字第__号

摘要	会计科目		借方金额											货方金额											过账	
	一级科目	二级或明细科目	亿	千	百	十	万	千	百	十	元	角	分	亿	千	百	十	万	千	百	十	元	角	分		
																										附件张
合计																										

表 6–21–1

中国银行汇票申请书（存　根）

第 005389 号

申请日期　　年　月　日

申请人		收款人													此联申请人留存
账　号 或住址		账　号 或住址													
用　途		代理 付款行													
汇款金额	人民币 （大写）		亿	千	百	十	万	千	百	十	元	角	分		
备注：		科目________ 对方科目________ 财务主管：　复核：　经办：													

表 6–21–2

记 账 凭 证

年　月　日　　　　__字第__号

摘要	会计科目		借方金额											货方金额											过账	
	一级科目	二级或明细科目	亿	千	百	十	万	千	百	十	元	角	分	亿	千	百	十	万	千	百	十	元	角	分		附件　张
合计																										

表 6-22-1

中华人民共和国
税收完税证明

地

(XXX) XX证00000000

填发日期：2019年 12 月 10 日　　税务机关：

纳税人识别号	91410104712644XXXX		纳税人名称	郑州塞亚玩具有限公司	
原凭证号	税　种	品目名称	税款所属时期	入（退）库日期	实缴（退）金额
	增值税		2019. 1. 1-2019. 1. 31		146500
	城建税		2019. 1. 1-2019. 1. 31		10255
	教育费附加		2019. 1. 1-2019. 1. 31		4395
金额合计（大写） 壹拾陆万壹仟壹佰伍拾元整					
税务机关（盖章）	填　票　人 张娜	备注			

妥善保管、手写无效

第一联（收据）交纳税人作完税证明

表 6-22-2

记账凭证

年　月　日　　＿字第＿号

摘要	会计科目		借方金额											贷方金额											过账
	一级科目	二级或明细科目	亿	千	百	十	万	千	百	十	元	角	分	亿	千	百	十	万	千	百	十	元	角	分	
合计																									

附件　张

表 6-23-1

中国工商银行
转账支票存根

支票号码　　NO. 3789626

附加信息

出票日期　　　年　月　日

收款人：
金额：
用途：
备注：

单位主管：　　　　会计：

复　核：　　　　记账：

表 6-23-2

记 账 凭 证

年　月　日　　　　＿字第＿号

摘要	会计科目		借方金额											贷方金额											过账	
	一级科目	二级或明细科目	亿	千	百	十	万	千	百	十	元	角	分	亿	千	百	十	万	千	百	十	元	角	分		附件　张
合计																										

表 6-24-1

费用报销单

报销日期:2019 年 12 月 11 日

费用项目	类别	金额		
信函邮寄费		1 320.00	负责人(签章)	王海
业务招待费		3 248.00	审核意见	同意报销 贾明
			报销人	张 文
报销金额合计		￥3 568.00		
核实金额(人民币大写):叁仟伍佰陆拾捌元整(￥3568.00) 现金付讫				
借款数:	应退数:	应补金额:		

审核:贾 明　　出纳:吴 洁

表 6-24-2

记 账 凭 证

年　月　日　　__字第__号

摘要	会计科目		借方金额											贷方金额											过账	附件　张
	一级科目	二级或明细科目	亿	千	百	十	万	千	百	十	元	角	分	亿	千	百	十	万	千	百	十	元	角	分		
合计																										

表 6-25-1

中华人民共和国
税收完税证明

地

(XXX) XX证00000000

填发日期：2019年 12 月 11 日　　税务机关：

纳税人识别号	91410104712644XXXX		纳税人名称	郑州塞亚玩具有限公司	
原凭证号	税　种	品目名称	税款所属时期	入（退）库日期	实缴（退）金额
42097071200	社会保险费	社会保险费	2019. 12. 1-2019. 12. 31	2019. 12. 11	297600
					297600
金额合计	（大写） 贰拾玖万柒仟陆佰元整				
郑州市国家税务局 税务机关（盖章） 征税专用章	填 票 人 张玲	备注			

第一联（收据）交纳税人作完税证明

妥善保管、手写无效

表 6-25-1

记 账 凭 证

年　月　日　　　　__字第__号

摘要	会计科目		借方金额											贷方金额											过账
	一级科目	二级或明细科目	亿	千	百	十	万	千	百	十	元	角	分	亿	千	百	十	万	千	百	十	元	角	分	
合计																									

附件　张

表 6-26-1

郑州市住房公积金汇缴书

2019 年 12 月 12 日　　　　附清册 1　　张

单位名称	郑州塞亚玩具有限公司	√□ 汇缴:2019 年 12 月份							
单位住房公积金账号	928765	□补缴:人数 186 人							
缴交金额人民币 壹拾肆万捌仟捌佰元整		十	万	千	百	十	元	角	分
		1	4	8	8	0	0	0	0

上月汇缴		本月增加汇缴		本月减少汇缴		本月汇缴	
人数	金额	人数	金额	人数	金额	人数	金额
186	148800					186	148800

付款行	付款账号	支票号码	
工商银行文化路支行	3047998	2568941123	银行盖章

第一联　银行盖章后交单位记账

表 6-26-2

记账凭证

年　月　日　　　　__字第__号

摘要	会计科目		借方金额											贷方金额											过账
	一级科目	二级或明细科目	亿	千	百	十	万	千	百	十	元	角	分	亿	千	百	十	万	千	百	十	元	角	分	
合计																									

附件　张

表 6-27-1

郑州市人民医院
门诊医疗费收据

姓名：张英　　　　　　　　　　NO. 9949817

项目	千	百	十	元	角	分
检查费		5	8	0	0	0
治疗费		5	0	0	0	0
放射费						
手术费						
化验费		2	8	0	0	0
输血费						
输氧费						
观察床费						
西药费		5	2	8	0	0
中成药费		4	3	2	0	0
中草药费						
自制中药						
自制西药						

现金付讫

备注

1. 收据丢失不补。
2. 无印讫印无效。
3. 检查费包括心电图、脑电图、B超、镜检等各种仪器检查。

¥：2 320

人民币

（大写）：贰仟叁佰贰拾元零角零分

郑州市人民医院 财务专用章

表 6-27-2

记 账 凭 证

年　月　日　　　　　　　　　　＿字第＿号

摘要	会计科目		借方金额											货方金额											过账
	一级科目	二级或明细科目	亿	千	百	十	万	千	百	十	元	角	分	亿	千	百	十	万	千	百	十	元	角	分	
合计																									

附件　张

表 6-28-1

中国工商银行
现金支票存根

支票号码　　NO. 3789626

附加信息

出票日期　　年　月　日

收款人：
金额：
用途：
备注：

单位主管：　　　　会计：

复　核：　　　　记账：

表 6-28-2

记 账 凭 证

年　月　日　　　　　　__字第__号

摘要	会计科目		借方金额											货方金额											过账	附件张
	一级科目	二级或明细科目	亿	千	百	十	万	千	百	十	元	角	分	亿	千	百	十	万	千	百	十	元	角	分		
合计																										

表 6-29-1

广东增值税普通发票　　No00000000

全国统一发票监制章 国家税务总局

发票联

校验码:　　　　发票日期:2019 年 12 月 13 日

购买方	名　　称:郑州塞亚玩具有限公司 纳税人识别号:91410104712644×××× 地 址 、电 话:郑州市北环路 1xx36 号 开户行及账号:工商银行文化北路支行 3047998	密码区	6877789 ＊ &^ ＊ (&% 45 ＊ &^) (＊ & ＊ (% (6^^ #% #@ # $ @ 342vkh% 43223216 + 5456132415? >< $ #@ $ #+I28 $ +I51#@ $ @ $ +I77@ +I103 +I129#@ Q $ @ #R#564816#r3w4165151@ #553# $ % #5 + I28&^# $ &^3515618651 ＊ ^% 651651& $ I28 $ +I51#@ $ @ $ +I77@ +I103+I129#@ Q $ @ #R #564816 #r3w4165151 @ #553 # $ % #5 + I28&^# $ &^3515618651 ＊ ^% 65

货物或应税劳务名称	规格型号	单位	数量	单价	金额	税率	税额
模具	513	个	30	2000	60000	13%	7800
合计					￥60000. 00		￥7800. 00

价税合计(大写)	陆万柒仟捌佰元整　　(小写) ￥67800. 00

销售方	名　　称:东莞利源工业园区 纳税人识别号:91410135733526×××× 地 址 、电 话:东莞市东大道××号 开户行及账号: 交行 3450015089099321	备注	广州利源工业园区 91410135733526XXXX 发票专用章

第二联:发票联 购买方记账凭证

收款人:周 杰　　　　复核:梁天　　开票人:郭 真　　销货单位:(章)

表 6-29-2

材料入库单

供货单位:东莞利源工业园区　　　　2019 年 12 月 13 日　　　　凭证编号:________

发票号码:________　　　　　　　　　　　　　　收货仓库:第二仓库

材料编号	材料名称及规格	计量单位	数量		价格	
			应收	实收	单价	金额
	模具	个	100	100	600	60000. 00
	合计					60000

此联验收留存

验收:　　　　　保管:李魏　　　　　记账:高婉　　　　　制单:

表 6-29-3

记 账 凭 证

年　月　日　　　　　　　　　　　　　　＿字第＿号

摘要	会计科目		借方金额											货方金额											过账	
	一级科目	二级或明细科目	亿	千	百	十	万	千	百	十	元	角	分	亿	千	百	十	万	千	百	十	元	角	分		附件　张
合计																										

表 6-30-1

借　款　单

2019 年 12 月 14 日

部　门	生产车间	姓　名	李美	借款用途	出差
借款金额	人民币(大写)伍仟元整　　　(￥5000.00)				
实际报销金额		结余金额		审核意见	
		超支金额			
备注:　　现金付讫				结账日期　年　月　日	

财务主管:贾明　　　　出纳:吴洁　　　　借款人签章(签字):李美

表 6-30-2

记 账 凭 证

年 月 日 ____字第____号

摘要	会计科目		借方金额											货方金额											过账
	一级科目	二级或明细科目	亿	千	百	十	万	千	百	十	元	角	分	亿	千	百	十	万	千	百	十	元	角	分	
合计																									

附件 张

表 6-31-1

现金盘点报告表

单位名称： 年 月 日

实存金额	实存账存对比		备注
	盘盈	盘亏	
7214			

分析原因： 审批意见：

盘点人签章：李 贝 出纳签章：吴 洁

表 6-31-2

记 账 凭 证

年 月 日 ____字第____号

摘要	会计科目		借方金额											货方金额											过账
	一级科目	二级或明细科目	亿	千	百	十	万	千	百	十	元	角	分	亿	千	百	十	万	千	百	十	元	角	分	
合计																									

附件 张

表 6-32-1

河南增值税专用发票

No00000000

发票联

校验码：　　　　发票日期:2019 年 12 月 03 日

购买方	名　　称:郑州塞亚玩具有限公司 纳税人识别号:91410104712644×××× 地 址 、电 话:郑州市北环路 1××6 号 开户行及账号:工商银行文化北路支行 3047998	密码区	6877789 ＊ &^ ＊ (&% 45 ＊ &^) (＊ & ＊ (% (6^^ #% #@ # $ @ 342vkh% 43223216 + 5456132415? >< $ #@ $ #+I28 $ +I51#@ $ @ $ +I77@ +I103 +I129#@ Q $ @ #R#564816#r3w4165151@ #553# $ % #5 + I28&^# $ &^3515618651 ＊ ^% 651651& $ I28 $ +I51#@ $ @ $ +I77@ +I103+I129#@ Q $ @ #R #564816 #r3w4165151 @ #553 # $ % #5 + I28&^# $ &^3515618651 ＊ ^%65

货物或应税劳务名称	规格型号	单位	数量	单价	金额	税率	税额
布料			1	20000	20000	13%	2600
合计					¥20000.00		¥2600.00
价税合计(大写)	贰万贰仟陆佰元整　（小写）¥22600.00						

销售方	名　　称:郑州纺织厂 纳税人识别号:91410133211560×××× 地 址 、电 话:郑州市东开发 2 号 开户行及账号:建行支行 41001508909	备注	郑州市纺织厂 91410133211560XXXX 发票专用章

第三联：发票联　购货方记账凭证

收款人:杨战　　复核: 赵佳佳　　开票人:郭靖　　销货单位:(章)

表 6-32-2

中国建设银行
转账支票存根

支票号码　　NO. 3789626

附加信息＿＿＿＿＿＿

出票日期　　年　月　日

收款人:	
金额:	
用途:	
备注:	

单位主管:　　　　会计:

复　　核:　　　　记账:

表 6-32-3

记 账 凭 证

年　月　日　　　　　　　　　　　　　　　　__字第__号

摘要	会计科目		借方金额											贷方金额											过账
	一级科目	二级或明细科目	亿	千	百	十	万	千	百	十	元	角	分	亿	千	百	十	万	千	百	十	元	角	分	
合计																									

附件　张

表 6-33-1

付款期限
壹 个 月

中国建设 银行
银行汇票

（多 余 款
收账通知）

出票日期（大写）贷零壹玖年壹拾贰月零柒日

代理付款行：东莞市工行中堂支行　　行号：

收款人：东莞利源工业园　　　　账　号：3450015089099321

出票金额	人民币（大写）	壹拾万元整

实际结算金额	人民币（大写）	千	百	十	万	千	百	十	元	角	分
	柒万零贰佰元整			¥	7	0	2	0	0	0	0

申请人：郑州赛亚玩具有限公司　　　　账号：4577880

出票行：中行河南分行__　行号________

备　注 ____________

出票行盖章　　　　年　月　日

多余金额								
百	十	万	千	百	十	元	角	分
	¥	2	9	8	0	0	0	0

左列退回多余款已收入你账户内

财务主管　　复核　　经办

表 6-33-2

记账凭证

年　月　日　　　　　　　　　　　　　　　　__字第__号

摘要	会计科目		借方金额											贷方金额											过账	
	一级科目	二级或明细科目	亿	千	百	十	万	千	百	十	元	角	分	亿	千	百	十	万	千	百	十	元	角	分		
																										附件　张
合计																										

表 6-34-1

全国统一发票监制

河南增值税专用发票

No00000000

记账联

校验码:　　　　　　　　　　　　　　　发票日期:2020 年 12 月 17 日

购买方	名　　称:大连瑞达百货公司 纳税人识别号:9140300800213×××× 地 址 、电 话:大连市瑞达路 34 号 开户行及账号:工行大连支行 757099838	密码区	6877789 * &^ * (&% 45 * &^) (* & * (% (6^^ #% #@ # $ @ 342vkh% 43223216 + 5456132415 ? >< $ #@ $ #+I28 $ +I51 #@ $ @ $ +I77@ +I103 +I129#@ Q $ @ #R#564816#r3w4165151@ #553# $ % #5 + I28&^# $ &^3515618651 * ^% 651651& $ I28 $ +I51#@ $ @ $ +I77@ +I103+I129#@ Q $ @ #R#564816#r3w4165151 @ #553# $ % #5 + I28&^# $ &^3515618651 * ^%65

货物或应税劳务名称	规格型号	单位	数量	单价	金额	税率	税额
遥控玩具模型	汽车	台	1000	200	200000	13%	26000
遥控玩具模型	飞机	架	600	300	180000	13%	23400
合计					¥380000.00		¥49400.00
价税合计(大写)	肆拾贰万玖千肆佰元整　(小写)¥429400.00						

销售方	名　　称:郑州塞亚玩具有限公司 纳税人识别号:91410104712644×××× 地 址 、电 话:郑州市北环路 1××6 号 开户行及账号:工商银行文化北路支行	备注	郑州塞亚玩具有限公司 9141010712644XXXX 发票专用章

第一联:记账联　销货方记账凭证

收款人:吴洁　　　复核: 李芳　　　开票人:郭金　　　销货单位:(章)

表 6-34-2

托收凭证(受理回单)

委托日期:2019 年 12 月 17 日

<table>
<tr><td>业务类型</td><td colspan="5">委托收款(□邮划、□电划)</td><td colspan="6">托收承付(□邮划、□电划)</td><td rowspan="8">此联作收款人开户银行给收款人的受理回单</td></tr>
<tr><td rowspan="3">付款人</td><td>全 称</td><td colspan="4">大连瑞达百货公司</td><td rowspan="3">收款人</td><td>全 称</td><td colspan="4">郑州赛亚玩具有限公司</td></tr>
<tr><td>账 号</td><td colspan="4">757099838</td><td>账 号</td><td colspan="4">3047998</td></tr>
<tr><td>地 址</td><td>辽宁省</td><td>市
县</td><td>开户行</td><td>工行大连分行</td><td>地 址</td><td>河南省</td><td>市
县</td><td>开户行</td><td>工行文化北路支行</td></tr>
<tr><td>金额</td><td colspan="6">人民币(大写)肆拾贰万玖仟肆佰元整</td><td colspan="5">亿 千 百 十 万 千 百 十 元 角 分
¥ 4 2 9 4 0 0 0 0</td></tr>
<tr><td>款项内容</td><td colspan="2">货款</td><td>托收凭据名称</td><td colspan="2">委托收款</td><td colspan="2">附寄单证张数</td><td colspan="4">2</td></tr>
<tr><td>商品发运情况</td><td colspan="5">已发运</td><td colspan="6">合同名称号码</td></tr>
<tr><td colspan="3">备注:
复核: 记账:</td><td colspan="3">款项收妥日期:
年 月 日</td><td colspan="6">中国工商银行河南省分行 文化北路支行 2019年12月17日 转讫
收款人开户银行签章
2019 年 12 月 17 日</td></tr>
</table>

表 6-34-3

产品出库单

2019 年 12 月 18 日　　凭证编号:10013

用途:销售　　产成品库:

<table>
<tr><td>类别</td><td>编号</td><td>名称及规格</td><td>计量单位</td><td>数量</td><td>单位成本</td><td>总成本</td><td>附注</td><td rowspan="4">财务留存</td></tr>
<tr><td></td><td></td><td>汽车模型</td><td>台</td><td>1000</td><td></td><td></td><td rowspan="3"></td></tr>
<tr><td></td><td></td><td>遥控飞机</td><td>架</td><td>600</td><td></td><td></td></tr>
<tr><td colspan="3">合 计</td><td>—</td><td>1600</td><td>—</td><td>¥380000.00</td></tr>
</table>

主管:　　记账:　　保管员:李想

表 6-34-4

记 账 凭 证

年　月　日　　　　　　　　　　　　　　　　__字第__号

摘要	会计科目		借方金额											贷方金额											过账	
	一级科目	二级或明细科目	亿	千	百	十	万	千	百	十	元	角	分	亿	千	百	十	万	千	百	十	元	角	分		
																										附件张
合计																										

表 6-35-1

中国人民银行支付系统专业凭证　　　　NO. 00045398

报文种类:　　　　　　　交易种类:　　　　　　　支付交易序号:3400

发行行行号:3487

发起行名称:工行青云路分理处

汇款人账号:150223189887 汇款人开户行:工行青云路分理处　委托日期 2019 年 12 月 02 日

汇款人名称:南昌圣龙百货公司

汇款人地址:南昌市青云路 156 号　　　　　汇款金额:216 700.00 元

接收行行号:

收款人账号:3047998　　收款人开户行:工行文化北路支行　　收款日期:2019 年 12 月 19 日

中国工商银行 电子回单 专用章

收款人名称:郑州赛亚玩具有限公司

收款人地址:郑州市北环路 1××6 号

货币符号:人民币

附言:付 2020 年 12 月 02 日商品货款 216 700.00 元

表 6-35-2

记 账 凭 证

年　月　日　　　　　　　　　　　　__字第__号

摘要	会计科目		借方金额											货方金额											过账
	一级科目	二级或明细科目	亿	千	百	十	万	千	百	十	元	角	分	亿	千	百	十	万	千	百	十	元	角	分	
合计																									

附件　张

表 6-36-1

差旅费报销单

部门：生产车间　　　　填报日期　2019 年 12 月 19 日　　　　单位：元

姓名	李 美					出差事由		技术学习					出差日期	自 2019 年 12 月 14 日 至 2019 年 12 月 19 日 共 5 天				
起讫时间及地点						车船费		伙食补助			出差补助费			住宿费			其　他	
月	日	起	月	日	讫	类别	金额	日数	标准	金额	日数	标准	金额	日数	标准	金额	摘要	金额
12	14		12	15		机票	1820	5	50	250				5	120	600	学习费	705
						市内交通	275											
小　　计							2095			250						600		705
共计金额（人民币大写）						叁仟陆佰伍拾零元零角零分					预支 ¥5000.00　核销 ¥3650.00　退补 ¥1350.00							

附单据共　张

主管：张弛　　　部门：一车间　　　审核：贾 明　　　填报人：李美

表 6-36-2

收　　据

2019 年 12 月 19 日

交款人	李 美	付款方式	现金
交款事由	出差余款		
金额（人民币大写）壹仟叁佰伍拾元整　（￥1350.00）			
盖章　现金付讫			

会计主管：贾明　　记账：李贝　　审核：　　出纳：吴洁　　经办：

表 6-36-2

记 账 凭 证

年　月　日　　　　__字第__号

摘要	会计科目		借方金额											货方金额											过账	附件 张
	一级科目	二级或明细科目	亿	千	百	十	万	千	百	十	元	角	分	亿	千	百	十	万	千	百	十	元	角	分		
合计																										

表 6-37-1

费用报销单

报销日期:2019 年 12 月 20 日

费用项目	类别	金额		
电话费		3 725.00	负责人(签章)	王海
			审核意见	同意报销 贾明
			报销人	刘 洋
报销金额合计		￥3725.00		
核实金额(人民币大写):叁仟柒佰贰拾伍元整				
借款数:	应退数:	应补金额:	现金付讫	

审核:贾明　　　　出纳:吴洁

表 6-37-2

记 账 凭 证

年　月　日　　　　__字第__号

摘要	会计科目		借方金额											货方金额											过账	附件 张
	一级科目	二级或明细科目	亿	千	百	十	万	千	百	十	元	角	分	亿	千	百	十	万	千	百	十	元	角	分		
合计																										

表 6-38-1

河南增值税专用发票　　No00000000

校验码：　　　　记账联　　　　发票日期：2019 年 12 月 20 日

购买方	名　　称：郑州品图公司 纳税人识别号：914030087256×××× 地 址 、电 话：郑州市花园路××号 开户行及账号：工行大连支行 450066779	密码区	6877789＊&^＊(&%45＊&^)(＊&＊(%(6^^#%#@#$@342vkh%43223216+5456132415？ >< $ # @ $ #+I28 $ +I51#@ $ @ $ +I77@ +I103+I129#@Q $ @#R#564816#r3w4165151@#553# $ % #5+I28&^# $ &^3515618651＊^% 651651& $ I28 $ +I51#@ $ @ $ +I77@ +I103+I129#@Q $ @#R#564816#r3w4165151@#553# $ % #5+I28&^# $ &^3515618651＊^%65

货物或应税劳务名称	规格型号	单位	数量	单价	金额	税率	税额
卡通玩偶		箱	100	320	32000	13%	4160
合计					¥32000		¥4160
价税合计（大写）	叁万陆仟壹佰陆拾元整　（小写）¥36160.00						

销售方	名　　称：郑州塞亚玩具有限公司 纳税人识别号：91410104712644×××× 地 址 、电 话：郑州市北环路 1××6 号 开户行及账号：工商银行文化北路支行	备注	郑州塞亚玩具有限公司 9141010712644XXXX 发票专用章

第一联：记账联　销货方记账凭证

收款人：吴洁　　复核：李芳　　开票人：郭金　　销货单位：（章）

表 6-38-2

产品出库单

2019 年 12 月 20 日　　凭证编号：10012

用途：销售　　产成品库：

类别	编号	名称及规格	计量单位	数量	单位成本	总成本	附注
		卡通玩偶	箱	100	200	20000	
合　计				100		20000	

财务留存

主管：　　记账：高洁　　保管员：李想

表 6-38-3

中国工商银行进账单（收账通知）

第 323 号

2019 年 12 月 20 日

<table>
<tr><td rowspan="3">收款人</td><td>全　称</td><td>郑州赛亚玩具有限公司</td><td rowspan="3">付款人</td><td>全　称</td><td colspan="10">郑州市品图公司</td></tr>
<tr><td>账　号
或地址</td><td>3047998</td><td>账 号
或地址</td><td colspan="10">2021290089897</td></tr>
<tr><td>开户银行</td><td>工行文化北路支行</td><td>开户
银行</td><td colspan="10">工行花园路支行</td></tr>
<tr><td colspan="2" rowspan="2">人民币
（大写）</td><td colspan="3" rowspan="2">叁万陆仟壹佰陆拾元整</td><td>千</td><td>百</td><td>十</td><td>万</td><td>千</td><td>百</td><td>十</td><td>元</td><td>角</td><td>分</td></tr>
<tr><td></td><td></td><td>¥</td><td>3</td><td>6</td><td>1</td><td>6</td><td>0</td><td>0</td><td>0</td></tr>
<tr><td>票据
种类</td><td>转账
支票</td><td>票据
张数</td><td>1</td><td colspan="11" rowspan="3">中国工商银行河南省分行
文化北路支行
2019年12月17日
转讫

收款人开户银行盖章</td></tr>
<tr><td>票据
号码</td><td colspan="3"></td></tr>
<tr><td colspan="4">复核：　　　记账：</td></tr>
</table>

表 6-38-4

记账凭证

年 月 日　　　　　　　　　　　　　　__字第__号

摘要	会计科目		借方金额										贷方金额										过账
	一级科目	二级或明细科目	亿	千	百	十	万	千	百	十	元	角	分	亿	千	百	十	万	千	百	十	元	角	分	
合计																									

附件　张

表 6-39-1

河南增值税专用发票

No00000000

发票联

校验码：4100104140　　　　　　　　　　发票日期:2019 年 12 月 21 日

购买方	名　　称:郑州塞亚玩具有限公司 纳税人识别号:91410104712644×××× 地 址 、电 话:郑州市北环路 1××6 号 开户行及账号:工商银行文化北路支行 3047998	密码区	6877789 ＊&^＊(&%45 ＊&^)(＊&＊(% (6^^#% #@ # $ @ 342vkh% 43223216 + 5456132415? >< $ #@ $ #+I28 $ +I51#@ $ @ $ +I77@ +I103+I129#@ Q $ @ #R# 564816#r3w4165151@ #553# $ % #5+I28&^ # $ &^3515618651 ＊^%651651& $ I28 $ + I51#@ $ @ $ +I77@ +I103+I129#@ Q $ @ #R#564816#r3w4165151@ #553# $ % #5+ I28&^# $ &^3515618651 ＊^%65

货物或应税劳务名称	规格型号	单位	数量	单价	金额	税率	税额
现代服务业＊广告			1	5 3000	50000	6%	3000
合计					¥50000.00		¥3000.00

价税合计(大写)	伍万叁仟元整(小写) ¥53000.00

销售方	名　　称:郑州泰和广告有限公司 纳税人识别号:91410104326778×××× 地 址 、电 话:郑州市花园路 1××6 号 开户行及账号:工商银行花园路支行 62220942016000	备注	郑州泰和广告有限公司 91410104326778XXXX 发票专用章

第二联：发票联　购买方记账凭证

收款人:白鹭　　　复核:丁一　　　开票人:白鹭　　　销货单位:(章)

表 6-39-2

中国工商银行

转账支票存根

支票号码　　NO. 3789634

附加信息＿＿＿＿＿＿＿＿

出票日期　　年　月　日

收款人：
金额：
用途：
备注：

单位主管：　　　　会计：

复　　核：　　　　计账：

表 6-39-3

记 账 凭 证

年　月　日　　　　＿字第＿号

摘要	会计科目		借方金额											货方金额											过账	附件张
	一级科目	二级或明细科目	亿	千	百	十	万	千	百	十	元	角	分	亿	千	百	十	万	千	百	十	元	角	分		
合计																										

表 6-40-1

中国工商银行

现金支票存根

支票号码　　NO. 3789626

附加信息

出票日期　　年　月　日

收款人：
金额：
用途：
备注：

单位主管：　　　　会计：

复　　核：　　　　计账：

表 6-40-2

记 账 凭 证

年　月　日　　　　__字第__号

摘要	会计科目		借方金额											货方金额											过账	附件张
	一级科目	二级或明细科目	亿	千	百	十	万	千	百	十	元	角	分	亿	千	百	十	万	千	百	十	元	角	分		
合计																										

表 6–41–1

费用报销单

报销日期:2019 年 12 月 22 日

费用项目	类别	金额		
信函邮寄费		980.00	负责人(签章)	王海
业务招待费		3 258.00	审核意见	同意报销 贾明
			报销人	张 文
报销金额合计		¥4 238.00		
核实金额(人民币大写):肆仟贰佰叁拾捌元整　　(¥4238.00)　现金付讫				
借款数:　　应退数:　　应补金额:				

审核:贾明　　　　出纳:吴洁

表 6–41–2

记 账 凭 证

年　月　日　　　　__字第__号

摘要	会计科目		借方金额											货方金额											过账	
	一级科目	二级或明细科目	亿	千	百	十	万	千	百	十	元	角	分	亿	千	百	十	万	千	百	十	元	角	分		附件 张
合计																										

表 6-42-1

河南增值税专用发票

No00000000

发票联

校验码：4100104140　　　　发票日期:2019 年 12 月 22 日

购买方	名　　称:郑州塞亚玩具有限公司 纳税人识别号:91410104712644×××× 地 址 、电 话:郑州市北环路 1××6 号 开户行及账号:工商银行文化北路支行 3047998	密码区	6877789 ＊ &^ ＊ (&% 45 ＊ &^) (＊ & ＊ (% (6^^ #% #@ # $ @ 342vkh% 43223216 + 5456132415? >< $ #@ $ #+I28 $ +I51#@ $ @ $ +I77@ +I103 +I129#@ Q $ @ #R#564816#r3w4165151@ #553# $ % #5 + I28&^# $ &^3515618651 ＊ ^% 651651& $ I28 $ +I51#@ $ @ $ +I77@ +I103+I129#@ Q $ @ #R #564816 #r3w4165151 @ #553 # $ % #5 + I28&^# $ &^3515618651 ＊ ^% 65

货物或应税劳务名称	规格型号	单位	数量	单价	金额	税率	税额
生产线	Xk370		1	826000	826000	13%	107380
合计					¥826000.00		¥107380.00
价税合计(大写)	玖拾叁万叁仟叁佰捌拾元整			(小写)¥933380.00			

销售方	名　　称:大连机械厂 纳税人识别号:93245674326213×××× 地 址 、电 话:大连市新开路 1××6 号 开户行及账号:中行大连西岗支行 6633621	备注	大连机械厂 93245674326213XXXX 发票专用章

收款人:张静　　　　复核:李岚　　　　开票人:张静　　　　销货单位:(章)

第二联：发票联　购买方记账凭证

表 6-42-2

付款期限 壹 个 月	中国银行 银行 银行汇票	多余款 收账通知

出票日期（大写） 贰零壹玖年壹拾贰月贰拾贰日		代理付款行：中行大连西岗支行　行号：										
收款人：大连市机械厂		账　号：6622621										
出票金额	人民币（大写） 壹佰万元整											
实际结算金额	人民币（大写） 玖拾叁万柒仟贰佰叁拾元整	千	百	十	万	千	百	十	元	角	分	
			¥	9	3	7	2	3	0	0	0	
申请人：郑州赛亚玩具有限公司		账号：2448898										
出票行：中行河南分行 行号		多余金额										
备　注		百	十	万	千	百	十	元	角	分	左列退回多余款已收入你账户内	
出票行盖章　　年　月　日			¥	6	2	7	7	0	0	0	财务主管　复核　经办	

表 6-42-3

固定资产移交生产验收单

保管使用单位：　　　　　　2019 年 12 月 22 日

固定资产编号	固定资产名称	规格型号	计量单位	数量	原始价值	预计使用年限	制造厂商或施工方式
固定资产管理部门意见	合格，同意接受		财会部门验收意见		合　格	使用保管验收签章	罗　峰

表 6-42-4

记 账 凭 证

年　月　日　　　　　　　　　　　　　　　　　__字第__号

摘要	会计科目		借方金额											货方金额											过账	附件 张
	一级科目	二级或明细科目	亿	千	百	十	万	千	百	十	元	角	分	亿	千	百	十	万	千	百	十	元	角	分		
合计																										

表 6-43-1

中国人民银行支付系统专业凭证　NO. 00056899

报文种类:　　　　　　　　　交易种类:　　　　　　　　　支付交易序号:3400

发行行行号:2369

发起行名称:工行大连瑞达路支行

汇款人账号:757099838　汇款人开户行:工行大连瑞达路支行　委托日期 2019 年 12 月 23 日

汇款人名称:大连瑞达百货公司

汇款人地址:　大连市瑞达路 34 号　　　汇款金额:431 400.00 元

接收行行号:

收款人账号:3047998　收款人开户行:工行文化北路支行　收款日期:2019 年 12 月 23 日

收款人名称:郑州赛亚玩具有限公司

收款人地址:郑州市北环路 1××6 号

货币符号:人民币

附言:付 2019 年 12 月 18 日商品货款 431 400.00 元

表 6-43-2

记 账 凭 证

年 月 日　　　　__字第__号

摘要	会计科目		借方金额											货方金额											过账
	一级科目	二级或明细科目	亿	千	百	十	万	千	百	十	元	角	分	亿	千	百	十	万	千	百	十	元	角	分	
合计																									

附件　张

表 6-44-1

中国建设 银行 电汇凭证 （回单） 1

□普通　□加急　　　委托日期　2019 年 12 月 23 日

汇款人	全 称	郑州赛亚玩具有限公司	收款人	全 称	洛阳美源公司
	账 号	4577880		账 号	4900998
	汇出地点	河南省郑州市/县		汇入地点	河南省洛阳市/县
汇出行名称		建行文化路支行	汇入行名称		建行涧西支行
金额	人民币（大写）陆万元整				亿 千 百 十 万 千 百 十 元 角 分 ¥ 6 0 0 0 0 0 0
汇出行签章			支付密码		
			附加信息及用途： 复核　记账		

中国建设银行涧西支行
文化路支行
2019年12月23日
转讫

此联汇出行给汇款人的回单

表 6-44-2

记 账 凭 证

年　月　日　　　　__字第__号

摘要	会计科目		借方金额											货方金额											过账
	一级科目	二级或明细科目	亿	千	百	十	万	千	百	十	元	角	分	亿	千	百	十	万	千	百	十	元	角	分	
合计																									

附件　张

表 6-45-1

河南省增值税普通发票

No00000000

全国统一发票监制 国家税务总局监制

发票联

校验码:4100104140　　　　发票日期:2019 年 12 月 23 日

购买方	名　　称:郑州塞亚玩具有限公司 纳税人识别号:91410104712644×××× 地 址 、电 话:郑州市北环路 1××6 号 开户行及账号:工商银行文化北路支行 3047998	密码区	6877789 ＊ &^ ＊ (&% 45 ＊ &^) (＊ & ＊ (% (6^^ #% #@ # $ @ 342vkh% 43223216 + 5456132415 ? >< $ #@ $ #+I28 $ +I51#@ $ @ $ +I77@ +I103 +I129#@ Q $ @ #R#564816#r3w4165151@ #553# $ % #5 + I28&^# $ &^3515618651 ＊ ^% 651651& $ I28 $ +I51#@ $ @ $ +I77@ +I103+I129#@ Q $ @ #R#564816#r3w4165151@ #553# $ % #5 + I28&^# $ &^3515618651 ＊ ^% 65

货物或应税劳务名称	规格型号	单位	数量	单价	金额	税率	税额
＊邮政服务＊报刊		批	1	9900	9900	免税	＊ ＊ ＊
合计					9900		＊ ＊ ＊
价税合计(大写)	玖仟玖佰元整　　(小写)￥9900.00						

销售方	名　　称:中国邮政集团公司郑州市分公司 纳税人识别号:91410100X14746823×× 地 址 、电 话:郑州市管城区紫荆山路 61 号 开户行及账号:邮储银行郑州市分行中心支行	备注	中国邮政集团公司郑州市分公司 91410100X14746823XXXX 发票专用章

第二联:发票联　购买方记账凭证

收款人:张丽萍　　复核:王玲　　开票人:郭晓丽　　销货单位:(章)

表 6-45-2

记账凭证

年　月　日　　　　__字第__号

摘要	会计科目		借方金额											货方金额											过账
	一级科目	二级或明细科目	亿	千	百	十	万	千	百	十	元	角	分	亿	千	百	十	万	千	百	十	元	角	分	
合计																									

附件　张

表 6-46-1

河南增值税专用发票

No00000000

记账联

校验码:　　　　　　　　　　　　发票日期:2019 年 12 月 24 日

购买方	名　　称:郑州小太阳幼儿园 纳税人识别号:914030087256×××× 地 址 、电 话:郑州市纬五路××号 开户行及账号: 450066779				密码区	6877789 * &^ * (&% 45 * &^) (* & * (% (6^^ #% #@ # $ @ 342vkh% 43223216 + 5456132415? >< $ #@ $ #+I28 $ +I51#@ $ @ $ +I77@ +I103 +I129#@ Q $ @ #R#564816#r3w4165151@ #553# $ % #5 + I28&^# $ &^3515618651 * ^% 651651& $ I28 $ +I51#@ $ @ $ +I77@ +I103+I129#@ Q $ @ #R#564816#r3w4165151 @ #553# $ % #5 + I28&^# $ &^3515618651 * ^% 65		
货物或应税劳务名称	规格型号	单位	数量	单价	金额	税率	税额	
玩具		批	1	34400	34400	13%	4472	
合计					¥34400.00		¥4472.00	
价税合计(大写)	叁万捌仟捌佰柒拾贰元整　(小写)¥38872.00							
销售方	名　　称:郑州塞亚玩具有限公司 纳税人识别号:91410104712644×××× 地 址 、电 话:郑州市北环路 1××6 号 开户行及账号:工商银行文化北路支行				备注	郑州赛亚玩具有限公司 9141010712644XXXX 发票专用章		

第一联:记账联　销货方记账凭证

收款人:吴洁　　复核: 李芳　　开票人:郭金　　销货单位:(章)

表 6-46-2

中国工商银行进账单(收账通知)

2019 年 12 月 24 日　　　　第 323 号

<table>
<tr><td rowspan="3">收款人</td><td>全　称</td><td>郑州赛亚玩具有限公司</td><td rowspan="3">付款人</td><td>全　称</td><td colspan="10">郑州市小太阳幼儿园</td></tr>
<tr><td>账　号
或地址</td><td>3047998</td><td>账 号
或地址</td><td colspan="10">410000987</td></tr>
<tr><td>开户银行</td><td>工行文化北路支行</td><td>开户
银行</td><td colspan="10">工行花园路支行</td></tr>
<tr><td colspan="2" rowspan="2">人民币(大写)</td><td colspan="3" rowspan="2">叁万捌仟捌佰柒拾贰元整</td><td>千</td><td>百</td><td>十</td><td>万</td><td>千</td><td>百</td><td>十</td><td>元</td><td>角</td><td>分</td></tr>
<tr><td></td><td></td><td>¥</td><td>3</td><td>8</td><td>8</td><td>7</td><td>2</td><td>0</td><td>0</td></tr>
<tr><td>票据
种类</td><td>转账
支票</td><td>票据
张数</td><td>1</td><td colspan="11" rowspan="3">收款人开户银行盖章</td></tr>
<tr><td>票据
号码</td><td colspan="3"></td></tr>
<tr><td colspan="4">复核　　记账</td></tr>
</table>

表 6-46-3

记 账 凭 证

年　月　日　　　　__字第__号

摘要	会计科目		借方金额											货方金额											过账	
	一级科目	二级或明细科目	亿	千	百	十	万	千	百	十	元	角	分	亿	千	百	十	万	千	百	十	元	角	分		附件张
合计																										

表 6-47-1

托收凭证（付款通知）

委托日期:2019 年 12 月 25 日

<table>
<tr><td colspan="2">业务类型</td><td colspan="12">委托收款（□邮划、□电划）　托收承付（□邮划、□电划）</td></tr>
<tr><td rowspan="3">付款人</td><td>全 称</td><td colspan="4">郑州市赛亚玩具有限公司</td><td rowspan="3">收款人</td><td>全 称</td><td colspan="6">宁波宏泰股份有限公司</td></tr>
<tr><td>账 号</td><td colspan="4">4577880</td><td>账 号</td><td colspan="6">500630080063124</td></tr>
<tr><td>地 址</td><td>河南省</td><td>郑州市</td><td>开户行</td><td>建行文化路支行</td><td>地 址</td><td>浙江省</td><td>宁波市县</td><td>开户行</td><td colspan="3">建行宁波市支行营业部</td></tr>
<tr><td>金额</td><td colspan="13">人民币（大写）叁万肆仟捌佰元整
亿 千 百 十 万 千 百 十 元 角 分
¥ 3 4 8 0 0 0 0</td></tr>
<tr><td colspan="2">款项内容</td><td colspan="3">货 款</td><td colspan="2">托收凭据名 称</td><td></td><td colspan="3">附寄单证张数</td><td colspan="3"></td></tr>
<tr><td colspan="2">商品发运情况</td><td colspan="6">已发货</td><td colspan="3">合同名称号码</td><td colspan="3"></td></tr>
<tr><td colspan="4">备注：</td><td colspan="4"></td><td colspan="6" rowspan="4">付款人注意：
1. 根据支付结算办法，上列委托收款（托收承付）款项在付款期限内未提出拒付，即视为同意付款。
2. 如需提出全部或部分拒付，应在规定期限内，将拒付理由书并付债务证明退交开户行。</td></tr>
<tr><td colspan="4">付款人开户银行收到日期</td><td colspan="4">付款人开户行签章</td></tr>
<tr><td colspan="4"></td><td colspan="4"></td></tr>
<tr><td colspan="4">复核：</td><td colspan="4">记账：</td></tr>
</table>

中国建设银行河南省分行 文化北路支行 2019年12月25日 转讫

此联作付款人开户银行给付款人按期付款通知

表 6-47-2

记 账 凭 证

年 月 日 __字第__号

摘要	会计科目		借方金额										货方金额										过账	附件 张
	一级科目	二级或明细科目	亿	千	百	十	万	千	百	十	元	角	分	亿	千	百	十	万	千	百	十	元	角	分	
合计																								

表 6-48-1

贷款凭证（收账通知）

2019 年 12 月 25 日

<table>
<tr><td>贷款单位</td><td>郑州赛亚玩具有限公司</td><td>种类</td><td>短期</td><td>贷款户账号</td><td colspan="10"></td></tr>
<tr><td rowspan="2">金 额</td><td rowspan="2" colspan="4">人民币（大写）柒拾万元整</td><td>千</td><td>百</td><td>十</td><td>万</td><td>千</td><td>百</td><td>十</td><td>元</td><td>角</td><td>分</td></tr>
<tr><td></td><td>¥</td><td>7</td><td>0</td><td>0</td><td>0</td><td>0</td><td>0</td><td>0</td><td>0</td></tr>
<tr><td rowspan="2">用 途</td><td rowspan="2" colspan="2">流动资金周转</td><td>单位申请期限</td><td colspan="11">自 2019 年 12 月 25 日起至 2020 年 6 月 24 日</td></tr>
<tr><td>银行核定期限</td><td colspan="11">自 2019 年 12 月 25 日起至 2020 年 6 月 24 日</td></tr>
<tr><td colspan="4">上述贷款已核准发放，并已划入你单位账号。
月利率 0.2%
银行签章
2019 年 12 月 25 日</td><td colspan="11">中国建设银行河南省分行 文化北路支行 2019年12月25日 转讫
单位会计分录
收入
付出
复核 记账
主管 会计</td></tr>
</table>

表 6-48-2

记 账 凭 证

年　月　日　　　　　　　　　　　　＿字第＿号

摘要	会计科目		借方金额											货方金额											过账	
	一级科目	二级或明细科目	亿	千	百	十	万	千	百	十	元	角	分	亿	千	百	十	万	千	百	十	元	角	分		
																										附件　张
合计																										

表 6-49-1

收　　据

2019 年 12 月 25 日

今收到　郑州赛亚玩具有限公司　交纳违约赔偿金 2 300.00 元

总计人民币(大写)贰仟叁佰元整　　　　¥2 300.00

现金付讫

会计:陈　欧　　　　复核:李　丽　　　　经办人:马　蜂

表 6-49-2

记 账 凭 证

年　月　日　　　　　　　　　　　　＿字第＿号

摘要	会计科目		借方金额											货方金额											过账	
	一级科目	二级或明细科目	亿	千	百	十	万	千	百	十	元	角	分	亿	千	百	十	万	千	百	十	元	角	分		
																										附件　张
合计																										

表 6-50-1

费用报销单

报销日期:2019 年 12 月 28 日

费用项目	类别	金额		
市内交通费		900.00	负责人(签章)	王海
通信费		1600.00	审核意见	同意报销 贾明
			报销人	李 慧
报销金额合计		¥2500.00		
核实金额(人民币大写):贰仟伍佰元整			现金付讫	
借款数:	应退数:	应补金额:		

审核:贾明　　　　出纳:吴洁

表 6-50-2

记 账 凭 证

年　月　日　　　　__字第__号

摘要	会计科目		借方金额											货方金额											过账	附件张
	一级科目	二级或明细科目	亿	千	百	十	万	千	百	十	元	角	分	亿	千	百	十	万	千	百	十	元	角	分		
合计																										

表 6-51-1

费用报销单

报销日期:2019 年 12 月 28 日

费用项目	类别	金额		
市内交通费		630.00	负责人(签章)	王海
			审核意见	同意报销 贾明
			报销人	张璐
报销金额合计		¥630.00		
核实金额(人民币大写):陆佰叁拾元整			现金付讫	
借款数:		应退数:	应补金额:	

审核:贾明　　　　出纳:吴洁

表 6-51-2

记 账 凭 证

年　月　日　　　　__字第__号

摘要	会计科目		借方金额											贷方金额											过账	
	一级科目	二级或明细科目	亿	千	百	十	万	千	百	十	元	角	分	亿	千	百	十	万	千	百	十	元	角	分		附件 张
合计																										

表 6-52-1

费用报销单

报销日期:2019 年 12 月 29 日

费用项目	类别	金额		
过路费		1250.00	负责人(签章)	王海
年检费		960.00	审核意见	同意报销 贾明
			报销人	马 博
报销金额合计		¥2210.00		
核实金额(人民币大写):贰仟贰佰壹拾元整			现金付讫	
借款数:	应退数:		应补金额:	

审核:贾明　　　　出纳:吴洁

表 6-52-2

记 账 凭 证

年　月　日　　　　__字第__号

摘要	会计科目		借方金额											贷方金额											过账	附件 张
	一级科目	二级或明细科目	亿	千	百	十	万	千	百	十	元	角	分	亿	千	百	十	万	千	百	十	元	角	分		
合计																										

表 6-53-1

河南省省级非税收入专用缴款通知书

执收单位编码:0012405　执收单位:郑州市环境保护局 2019 年 12 月 30 日(2019)

豫财非税 NO. 0000000

缴款人	郑州市赛亚玩具有限公司		收款人		郑州市财政局									
账号	3047998		账号		30114569880									
开户银行	工行文化北路支行		开户银行		工行政通路支行									
项目编码	项目名称	标准编码	数量	标准	金额									
					千	百	十	万	千	百	十	元	角	分
	排污费								5	0	0	0	0	0
合计	人民币(大写):伍仟元整							¥	5	0	0	0	0	0
执收单位(盖章):			代收银行盖章:											
复核:	经办:		复核:		记账:									

郑州市环境保护局 财务专用章

表 6-53-2

记 账 凭 证

年　月　日　　　　__字第__号

摘要	会计科目		借方金额											货方金额											过账	
	一级科目	二级或明细科目	亿	千	百	十	万	千	百	十	元	角	分	亿	千	百	十	万	千	百	十	元	角	分		
																										附件张
合计																										

表 6-54-1

现金盘点盈亏报告表

单位名称：　　　　　　　　2019 年 12 月 31 日

实存金额	实存账存对比		备注
	盘盈	盘亏	
3 161		150	
分析原因：多付款	审批意见：个人赔款		

盘点人签章：李 贝　　　　出纳签章：吴 洁

表 6-54-2

记 账 凭 证

年　月　日　　　　　　　　　　__字第__号

摘要	会计科目		借方金额											贷方金额											过账	
	一级科目	二级或明细科目	亿	千	百	十	万	千	百	十	元	角	分	亿	千	百	十	万	千	百	十	元	角	分		附件 张
合计																										

表 6-55-1

出 纳 报 告

单位名称：　　　　　　　年　月　日至　　年　月　日　　　　　　编号：

单位：元

项 目	上期结存	本期收入	合计	本期支出	本期结存
库存现金					
银行存款 其中： 基本账户 一般账户 专用账户					
其他货币资金 其中： 外埠存款 银行汇票存款					